memórias de zarabatanas

RAFAEL CORTEZ

memórias de zarabatanas

SEOMAN

Copyright © 2018, Rafael Cortez
Copyright do projeto © 2018, Editora Pensamento-Cultrix Ltda.
Publicado mediante acordo com a Agência Aspas e Vírgulas.
Texto de acordo com as novas regras ortográficas da língua portuguesa.
1ª edição 2018.
Todos os direitos reservados. Nenhuma parte deste livro pode ser reproduzida ou usada de qualquer forma ou por qualquer meio, eletrônico ou mecânico, inclusive fotocópias, gravações ou sistema de armazenamento em banco de dados, sem permissão por escrito, exceto nos casos de trechos curtos citados em resenhas críticas ou artigos de revistas.
A Editora Seoman não se responsabiliza por eventuais mudanças ocorridas nos endereços convencionais ou eletrônicos citados neste livro.
Coordenação editorial: Manoel Lauand
Capa e projeto gráfico: Gabriela Guenther
Consultoria poética e revisão: Cássia Janeiro
Fotos de capa e orelha: Simone Chiari
Fotos de quarta capa e miolo: arquivo pessoal do autor
Editoração eletrônica: Estúdio Sambaqui

Dados Internacionais de Catalogação na Publicação (CIP)
(Câmara Brasileira do Livro, SP, Brasil)

Cortez, Rafael
  Memórias de Zarabatanas / Rafael Cortez. -- 1. ed. -- São Paulo : Seoman, 2018.

  Título original: Meghan: a Hollywood princess.
  ISBN 978-85-5503-076-5

  1. Crônicas brasileiras 2. Histórias de vida 3. Humoristas brasileiros 4. Jornalistas - Brasil - Autobiografia I. Título.

18-18443   CDD-079.092

Índices para catálogo sistemático:
1. Jornalistas : Memórias autobiográficas 079.092
Iolanda Rodrigues Biode - Bibliotecária - CRB-8/10014

Seoman é um selo editorial da Pensamento-Cultrix.
EDITORA PENSAMENTO-CULTRIX LTDA.
R. Dr. Mário Vicente, 368 – 04270-000 – São Paulo, SP
Fone: (11) 2066-9000 – Fax: (11) 2066-9008
E-mail: atendimento@editoraseoman.com.br
http://www.editoraseoman.com.br
Foi feito o depósito legal.

*Para Helena Caiuby, por apresentar livros e histórias para seus netos e, com isso, melhorar desde cedo suas vidas.
E para você, Zeca, meu tio querido, meu amigo, meu fã e meu ídolo muitas vezes. Eu acho que, a seu modo, você deixou o mundo mais bonito de tanto amar a vida e as pessoas que você elegeu. E eu sei que fui uma delas, tio. Muito obrigado, sempre. Até um dia...*

AGRADECIMENTOS

Este livro não existiria se algumas pessoas não tivessem integrado intensamente a minha vida. Algumas ainda permanecem nela e não quero jamais abrir mão de suas companhias maravilhosas: é o caso dos meus irmãos, meus pais, familiares amorosos e alguns amigos queridos.

Também devo agradecer aos desafetos sentimentais – musas das minhas "dores de amores" –, ainda que hoje algumas residam só nos meus retratos ou nas minhas memórias. Talvez agora, com meus textos em mãos, seja o momento de elas perceberem que algo mais sentimental de nós ficou em mim.

Agradeço, ainda, àquelas pessoas que simplesmente vão folhear com calma as páginas desta obra – quebrar o preconceito de ler algo poético advindo de alguém cuja faceta pública mais conhecida é a do humor, algo que eu reconheço e respeito.

Obrigado, Gustavo Anechinni e Maria Elisa, da Projetteria, por terem tentado o possível para a publicação deste livro, e Sandra Silvério e Livro Falante, por nosso relacionamento literário, que tantas vezes me deu imenso prazer. Agradeço também a Elisa Dinis, da Agência Aspas e Vírgulas, que agora é minha agente literária. Obrigado ao Santiago Nazarian, grande escritor – e meu primo! –, por tecer algumas palavras sobre meu texto, presentes na orelha desta edição. E ao Manoel Lauand, editor da Seoman – e ao Grupo Editorial Pensamento e toda equipe – por publicar *Memórias de Zarabatanas*, dar um novo norte à obra (ele sugeriu mesclar prosa e poesia de modo a contar artisticamente um pouco da minha biografia) e transformar o que escrevi em realidade.

Por fim, agradeço profundamente a Cássia Janeiro por ter abraçado este trabalho como se fosse dela. Cássia, você é uma inspiração para mim, uma alma elevada, de um talento fora do comum. Não foi à toa que meu avô, um dos homens mais sábios que já conheci, admirava tanto você, amiga poeta... Um beijo!

PREFÁCIO

O PROFESSOR JOSÉ PINHEIRO CORTEZ foi uma das pessoas mais dignas que tive o prazer de conhecer. Desfrutei do privilégio de ser sua amiga; para mim, ele foi um segundo pai.

Uma das coisas mais caras ao professor Cortez era a lealdade que devíamos ter aos nossos próprios dons, aos talentos que, a seu ver, eram dádivas que precisavam ser usadas. Ele não compreendia talentos desperdiçados por conta de "ganhar a vida" – e, verdade seja dita, tinha pouca paciência com eles. De caráter impecável, inteligência afiada e senso de humor implacável, o professor Cortez não perdoava o que chamaria de traição à natureza: "Se você tem um dom, tem de usá-lo", costumava dizer.

Talvez ele não esperasse que seu neto, Rafael Cortez, tivesse tantos dons à disposição. E certamente diria para não abrir mão de nenhum deles – que deveria usá-los, todos, com maestria.

Embora seu tio, José Geraldo Cortez, já tivesse me falado do garoto de múltiplos talentos (jornalista formado pela PUC/SP, que também trabalhava em teatro, em diversas produções culturais e com música erudita!), eu só conheci Rafael em 2007, no lançamento do meu livro *A pérola e a ostra*. Lá estava aquele menino, levado pelo tio, que ficou vermelho quando me deu um CD, a primeira *demo*, com suas canções ao violão.

Saí do lançamento e, dirigindo de São Paulo a Vinhedo, onde morava, coloquei o CD do moço. Confesso que, dada a pouca idade, não esperava muito. Não sou conhecedora profunda de música, mas sou grande apreciadora. E, já na primeira canção, fiquei impressionada com o rapaz. Eu lhe mandei um *e-mail* contando que tinha adorado, realmente adorado, seu trabalho.

Depois disso, sempre conversamos pelo Facebook, nas madrugadas de que ambos tanto gostamos e percebi que ele escrevia muito bem. Numa dessas madrugadas, ele preparava um texto e pediu minha opinião. Falamos sobre isso e ficamos algumas boas horas para encontrarmos uma palavra exata que expressasse melhor o que ele queria dizer.

Aquilo me mostrou que esse artista não estava escrevendo qualquer coisa, mas que, embora num texto muito simples, agia como um artesão: precisava polir, aprimorar seu objeto, levasse o tempo que fosse. Uma preocupação com o fazer artístico propriamente dito que não esperava ver em alguém da sua idade e com uma agenda já tão lotada (na época, ele estava na primeira configuração do programa *CQC*).

O tempo passou, ele me convidou para seu show de violão clássico no Tom Brasil. Todo mundo sabe que Rafael Cortez é pura sedução, com cara de menino que fugiu do colégio e se arrependeu. Então, pensei: vai ter muita gente suspirando nessa apresentação, especialmente muita gente novinha imaginando ver piadas num concerto... E tinha! Mas, para a minha enorme surpresa, Rafael não fez nem uma concessão. Foi um belíssimo show, sem apelo ao fácil, ao consumível e descartável. Mais uma vez, o menino me impressionou.

Quando me pediu para ler seu livro, percebi, mesmo nos textos mais simples, em prosa ou em verso, essa busca pela palavra exata, pela melhor expressão. Impressionou-me que ele fizesse questão de colocar seus trabalhos mais antigos, o que me permitiu ver a evolução do artista a olho nu.

Memórias de Zarabatanas não foi um título aleatório, tirado de um dos textos que compõem o livro. Foi um nome escolhido, pensado, porque o título deveria expressar esse olhar ingênuo sobre o mundo; um olhar que vai amadurecendo, rindo, chorando e se espantando. Do menino que escrevia poemas ao hoje jovem artista, houve muitas mudanças. Entretanto, permanece esse espírito de espanto diante da vida, que ora se derrama num verso, ora vagueia numa bela prosa. Essas memórias de zarabatanas são os primeiros registros desse olhar sensível. Ele evolui com o passar do tempo, razão pela qual as prosas e os poemas foram datados. Contudo, permanece essa essência, que permite vislumbrar o menino mesmo quando adulto.

Além disso, há uma busca, nessas memórias, por um tempo mais acolhedor, menos complicado e mais puro. Sobre isso, Rafael me disse uma coisa linda: "Em um mundo obcecado por entretenimento barato, às vezes faz-se necessário impor um poema, soprar um verso ou uma história como uma arma, como uma zarabatana. Que alguma beleza entre na corrente sanguínea, mesmo a contragosto."

Aquelas pessoas que conhecem apenas o Rafael engraçado dos programas televisivos devem ficar de olho: existe ali um artista de verdade – um artista multifacetado, com inúmeros talentos, como já havia me avisado o seu tio.

"Se você tem um dom, tem de usá-lo", diria seu avô. E certamente, ao ver Rafael Cortez se expressando em tantas formas de Arte, ele sorriria, maroto como o próprio Rafa, e estaria – ou está – muito orgulhoso!

Cássia Janeiro
Poeta e Escritora

ÍNDICE

INFÂNCIA, LAR, FAMÍLIA, TRANSIÇÃO — 17

memórias de zarabatanas	19
poesia em dois tempos	22
gazeta do aristides	26
naquele tempo	35
delírio	37
rua das estrelas sirius	39
pensando em meus avós	40
helena	44
o homem de azul	46
condolências	48
do que me disse ravel	49
praça japubá 35, apto 92 a	50
cria cuervos	52
a biografia	53
o menino	55
o ninar	56
transcende	58

JUVENTUDE E EXISTENCIALISMO — 61

depoimento da velha bruxa	63
estranha chama	67
my love night club	68
o fim dos tempos	69
manhã soturna	70
complicado fim de caso	71
a alma esvaziada	72
farsa	73
sepulcrum	74
apatia	75
saudosismo	78

MÚSICA   81

    nara está viva!   83
    contrato   87
    "menesca"   88
    recital de violão   97
    allez allez   98

TEATRO   101

    philipe levy   103
    alienação   107
    amizade desfeita   108
    a vítima do sistema   109

ANOS DE OURO   113

    cqc: como que consegui   115
    para todo o sempre   135
    aproveitando um bom momento   136
    carta pro joão batista   137
    balanço   143
    aos trovadores!   144

AMOR   147

    iludiu   149
    é de você que ela gosta   150
    bailarina   151
    você e o tempo   153
    adora isa   154
    ela e eu   156
    modos de ver   157
    o sonho que eu quis acordado   159
    a despedida   161
    último poema daquele amor   163
    reflexão   164
    saudades   166

doze anos	168
consciência do fim do amor	173
alta madrugada	175
carnaval	176
vazio	177
vestígios	179
maysa	180
a quem se ama	182
o amor maduro	184
dor de cotovelo	186
incompatível	187
o medo	189
recado de deus	190
"... e mais uma vez, sabemos ser previsível o final"	191

NOVA FASE — 193

desculpe o incômodo	195
e nasce um poema	197
lágrima	198
a resposta	200
a maior contradição	201
a segunda e última metade da minha vida	202
cavalo de troia	214
outrora	216

EPÍLOGO — 219

INFÂNCIA, LAR, FAMÍLIA, TRANSIÇÃO

memórias de zarabatanas
julho de 2012

ERA TODO MUNDO MUITO SIMPLES; quase pobres. De fato, alguns eram mesmo pobres. Muita criança morando com a mãe na casa das patroas e a gente achando que elas eram ricas por viver em casarões. Nós nem desconfiávamos que dormiam no quarto dos fundos com uma mulher viúva ou abandonada, marcada por queimaduras de fogão e cansada dos serviços de lavadeira.

Na escola, situada até hoje no Itaim Bibi (mas muito diferente do que era em 1985), nenhum de nós podia prever que o futuro de crianças como a gente seria ligado ao celular e ao computador em casa. Nossa turma só tinha mesmo as ruas, que ainda eram calmas nos arredores da Leopoldo Couto de Magalhães Júnior, e os grupos numerosos de amigos que faziam guerra de sementes de plantas – todas cuspidas por canudinhos tratados como zarabatanas.

Nas salas de aula destoavam os alunos que, como eu, tinham recursos para encapar seus cadernos com plásticos transparentes ou, melhor ainda, transportá-los em mochilas mais incrementadas como as minhas. No nosso colégio estadual, a maior parte da turma queria mesmo que chegasse a hora do recreio: o momento ideal para almoçar canja e arroz doce de sobremesa ou, com muita sorte, ter a alegria de comer um cachorro-quente (privilégio de uma vez ao mês ou um pouco menos que isso, não lembro agora).

Com a barriga cheia no intervalo, começavam as incessantes correrias das brincadeiras no pátio: menina-pega-menino e polícia-pega-ladrão. Vez ou outra, um de nós (os menininhos tidos como "playboyzinhos") sofria uma ameaça de algum grandalhão da oitava série – provavelmente um daqueles moleques que já sabiam o que era a violência por conhecê-la bem de perto, em casa. Nesses momentos de intimidação, eram as garotas – histéricas, numerosas e bem mais corajosas do que nós, os bundões – que nos livravam a pele. E, passado tanto tempo, eu me pergunto: por que alguns daqueles meninos supostamente maus da minha infância tiveram de morrer tão cedo ou permanecer, até hoje, trancados em celas apertadas?

As paqueras, como sempre deveriam ser nessa idade, rolavam inocentes. A Célia era a menina mais bonita da minha sala. Ela e eu só nos olhávamos e sorríamos. Uma vez ela me deixou colocar a capa rosa no seu caderno; outra, me deu um abraço no final do esconde-esconde, na hora do "pique". Eu quase morri de emoção. A Legião Urbana lançou "Índios", e o tecladinho bonito da canção me fazia pensar nela.

A rua Aspásia, onde ela morava (vizinha do Fábio, nosso amigo malucão) foi devorada pela metade por uma nova Avenida Brigadeiro Faria Lima. A Célia se mudou e eu nunca mais a vi. Imagino que ela deva ter filhos e torço para que esteja feliz e tenha se lembrado de mim ao me ver na TV.

A "tia" Rosa era a professora. Morreu há alguns anos. Gostava demais da gente e eu nunca me esqueci do dia em que voltamos do recreio e a encontramos com lágrimas nos olhos dentro da sala de aula. Dramáticos como éramos, perguntamos, aflitos, quem tinha morrido, se a culpa era nossa, essas coisas. Ela se justificou dizendo que apenas nos observara durante as brincadeiras no pátio e percebera que estávamos crescendo muito rápido. E todos nós perguntamos, ao mesmo tempo e excitadíssimos: "Eu estou crescendo?", "E eu, professora?", "E eu, também tô?", "E eu, tia?"... Mas nenhuma criança parecia mais angustiada com uma resposta positiva da professora do que eu. No auge dos meus 7 ou 8 anos, eu queria muito saber se já estava grande, virando adulto, se eu e meu pai conversaríamos de igual para igual... para que, meu Deus?

No fim da oitava série, quando eu já tinha um metro e sessenta e me via como "um dos grandões", Kátia Barros e eu ganhamos o concurso de "casal simpatia", do Aristides de Castro – ela mereceu o prêmio porque era linda mesmo. Eu morria de vontade de namorá-la, apesar do coração dividido, pois tinha vontade de namorar a Kelly também, que teve uma filha graciosa recentemente. Eu fui muito beneficiado por ter criado e produzido os sete exemplares do nosso jornalzinho da escola, ao lado dos meus amigos, sem desconfiar nem de perto que um dia eu seria jornalista de verdade. Eu era popular e intensamente feliz.

No final de 1991, todos nós nos despedimos daquela escola. Uns se foram para nunca mais voltar; outros seguiram comigo para o Segundo Grau (atual Ensino Médio) no Costa Manso, ali do lado. Daquela turma, algumas das meninas viraram mães e tiveram um casamento "tradicional", trabalhando como donas de casa; outras se lançaram ao mercado de trabalho, com muito sucesso, e moram sozinhas ou com seus companheiros. Entre os meninos, uns foram trabalhar onde estão até agora, em empresas, escritórios e pequenos negócios; outros, infelizmente, morreram, e os professores já se foram faz tempo (exceto a Marilena, de Português, que, se não me engano, virou diretora). Dentre os amigos, a Andréa Bispo sumiu e voltou no ano passado, para me dizer que continua a guerreira de sempre; a Lívia tem seus meninos e se orgulha de colocar suas fotos no Face; o Marcelo casou com um cara, assumindo para nós sua orientação sexual, mas era algo que a gente praticamente sabia. A mãe dele, que me deu tanto sanduíche gostoso de mortadela, me assistiu orgulhosa na televisão até uma semana antes de morrer. O Waldir é que não deixou rastro nenhum; o Ivan Raposo me escreve sempre no Twitter e sei que ele está bem; o Marciano é uma figura doce e incrível até hoje. Eu me arrependo muito de ter zombado tanto de seu peso; na época, sem saber, eu era cruel como só algumas crianças conseguem ser – nada como o tempo para nos fazer evoluir.

Mas, o importante mesmo é que passei na frente da minha escola semana retrasada e pude comprovar: ainda existem crianças cuspindo sementes de árvores com canudinhos, como zarabatanas!

poesia em dois tempos

primeiro tempo: um beijo para andreia

agosto de 2005

Mais do que tarefa de escola;
Ensinamento de vida –
"É preciso viver sem nunca dar bola
A qualquer tristeza incontida."

Com os cabelos em trança,
Ou espetados em chuquinhas...
É o melhor da minha infância,
Deus nos brindou com almas vizinhas.

Simples, digna em sua história,
Aprendendo e ensinando com humildade,
É de Andreia a minha saudade;
Dela agora é minha memória.

No pouco que podia ter, tinha.
Em tudo que podia ser, era.
Vivia como melhor convinha,
Por mim tinha amizade sincera.

Estava sempre ao meu lado:
Como a amiga motivada,
Como a falsa namorada;
Só carinho era amparo.

Por todo o tempo ela foi guerreira.
Em nada acomodada.
Brigou com a vida o quanto pôde;
Tentou fugir da sina herdada.

Mas não deu não...

Separaram-se os caminhos.
E ela, que não tinha irmãos,
Deixou sem irmã alguns,
Sozinhos.

Não completou estudos,
Não seguiu o caminho da gente,
Casou depois com um sortudo,
A quem, espero, a ame sempre.

É mãe, mulher e batalhadora,
Está em algum canto desse mundo.
Quem sabe o tempo lhe fez uma jovem senhora,
Mas como menina é que eu a lembro em tudo.

Talvez nem sonhe, sobreviva,
Ou seja – ela mesma – a própria vida!
O que é triste, Deia, é que não a tenho comigo,
No mundo, hoje lindo, que aprendi a ver contigo.

Procurei você em todas as minhas andanças;
Os caminhos não cruzam nossas vidas marginais.
Em meio a isso tudo, resta ainda uma esperança,
Nesse mundo tão confuso acho que ainda somos iguais.

Mesmo se não a vejo,
Trago-a ainda comigo.
No meu coração eu lhe protejo,
Aqui dentro você tem um abrigo.

Sinto falta dos seus conselhos,
Do carinho bravo e dos cartões de Natal.
Na hora da luta, não sou eu ali no espelho!
No calor da labuta, é você a imagem real.

Um beijo na sua mãe, sua melhor amiga,
E um carinho aos pequenos.
Um dia espero reencontrar você na vida...
Será mesmo que um dia nos veremos?

segundo tempo:
a sua mãe sorri

agosto de 2013

Você chorou ao telefone,
A sua mãe morreu.

Acha mesmo que ela não foi embora orgulhosa de você?
Como se a morte fosse capaz de minar o carinho, o seu por ela,
O dela por você?

E o quanto ela foi feliz ficando mais velha,
Tendo uma filha a cuidar do seu viver?

As crianças, você vai colocar na escola nova,
As amigas da igreja lhe amparam; todos querem lhe proteger.
O diploma conquistado com suor vai ser posto à prova;
E vem aí uma vida cor-de-rosa, um mundo lindo de se ver!

Pagam pouco no trabalho, mas um dia vem a promoção,
Sua prece é seu guia, sua filha tem um irmão.
Você queria uma família, como é linda a que você tem!
E lá do outro lado, uma senhorinha olha a todos vocês para o bem.

Já a gente, que se reencontrou, um dia põe as crianças para brincar,
No dia em que a Nara vier, ou quando o Luquinhas chegar.
Eles também serão felizes como eu fui ao seu lado.
Eu também farei você feliz, nessa vida que é, às vezes, um fardo.

Os irmãos caminham de mãos dadas,
Mesmo os que não são de sangue, como a gente.
Hoje o céu está um conto de fadas:
A sua mãe sorri ao ver o que nós temos pela frente.

gazeta do aristides
julho de 2008

Estou na Bienal do Livro dando uma palestra sobre os audiolivros que gravei com obras de Machado de Assis. Acabei de terminar um bloco no qual falei dos desafios da empreitada e de como esse trabalho me deu prazer. Começa a parte em que as pessoas da plateia fazem perguntas. O tempo todo eu reparo em um rapaz que me olha atentamente. Ele está de boné, braços cruzados e um ar de interesse indiscutível.

O papo termina e as pessoas se dirigem a mim para dar um alô, pegar o autógrafo no exemplar recém-adquirido, etc. O primeiro a se aproximar é o cara. Ele me diz: "Tive vontade de te perguntar uma coisa, mas fiquei com vergonha... Na real, eu queria saber se você imaginava, anos e anos atrás, quando fazia um jornalzinho com alguns colegas de escola, que você seria famoso no futuro."

Olhei melhor para ele e não acreditei. Era o Ivan! Ivan Raposo, um dos meus amigões do "Colégio Estadual de Primeiro Grau Aristides de Castro", no Itaim Bibi. Integrante do jornal que foi gerado e administrado de maneira corajosa e independente por cinco crianças no fim da década de 1980, e que sobreviveu por sete guerreiras edições!

Algum dia do ano de 1987

Estou com dez anos de idade. Leio uma reportagem na "Folhinha", suplemento infantil do jornal *Folha de S.Paulo*. A matéria chama minha atenção. Fala de crianças que trabalham em jornaizinhos independentes nas escolas. São crianças de escolas ricas da capital. Elas aparecem trabalhando com afinco em uma redação improvisada na sala de aula. As professoras estão orgulhosas ao lado.

Aquilo me deixa louco! Quero ter um jornalzinho também! Quero fazer algo parecido ou até melhor. Essa história de fazer gibizinho em casa todo dia, desenhando horas e horas na mesa da sala, já deu. Tenho mais de 65 edições da turma do Fortudos – o personagem principal da minha leva de heróis autorais. Tudo desenhado por mim, criado por mim, e feito... para mim! Quero fazer algo junto com os meninos da classe; quero fazer algo que repercuta na escola!

Nossa sala é a 4ª série A. Eu me junto à Juliana Palhuca e ao Fábio Rodrigues Teixeira de Almeida. Eles passam a ficar animados com o projeto. Pensamos, inicialmente, em fazer um jornal à mão e copiar tudo no dedo mesmo, um por um, para os alunos da nossa classe. Afinal, ninguém sabe digitar e não temos máquina de escrever em casa. Além disso, xerox era caro!

Graças a Deus desistimos da ideia esdrúxula de fazer cerca de 25 exemplares de próprio punho. Meu pai vira parceiro da gente e diz que a secretária dele digitaria os textos. E que poderíamos xerocar tudo em sua firma. Melhor assim: a máquina fotocopiadora da nossa escola era artigo de luxo, e o mimeógrafo, inacessível para os alunos: tem que usar álcool, e álcool e criança não combinam.

Pouco mais de um mês de trabalho depois, entregamos para toda a sala a primeira e única edição do *Jornal da Classe*. A capa traz um dinossauro feito no computador – verde e grande, do escritório do meu pai. O máximo de tecnologia e inovação nas saudosas máquinas monstruosas dos anos 1980. Há uma página de apresentação. Na outra, uma receita de panquecas e duas piadas. Juliana fez uma entrevista com uma professora da Faculdade Paulista de Artes na terceira página. Ninguém sabe quem é essa mulher. No fim da entrevista, uma notícia de rodapé: "Pegos supostos grafiteiros no recreio da escola". Na quarta página, a sessão do Fábio: charadas. E, pra fechar o jornal, uma entrevista minha – a primeira da minha vida! – com o Francisco (mais conhecido como "Tarado"). É um menino de no máximo 10 anos, que tinha a fama de passar a mão nas garotas atrás do banheiro.

A professora – é uma professora por sala – recolhe os exemplares do jornal e manda tirar a entrevista do menino tarado. Minha primeira censura. Ela acha cruel o modo como lidamos com ele. Não percebe a inocência de nossas linhas e que somos, acima de tudo, crianças. O *Jornal da Classe* morre ali. Uma pena.

Janeiro ou fevereiro de 1988

O ano letivo começa no Aristides. Estamos na 5ª série. Juliana Palhuca foi morar com a família em Peruíbe. Sofremos uma baixa na equipe, mas Fábio e eu ainda queremos fazer o jornal. Mas tudo tem de ser reformulado. E temos que ter mais gente. A gente precisa ser mais profissional!

O Luciano Bastos se junta naturalmente a nós. Ele é um dos meus melhores amigos e tem uma capacidade incrível de trabalho. É organizado, responsável e colaborativo. Somos três.

Há um grupo na sala tentando criar um jornal inspirado no que fizemos ano passado. O líder da operação é o Joel Amaral Júnior. O tempo urge. O Ivan Raposo descobre que estamos fazendo um jornal em segredo. Sim, é segredo. Tática para surpreender a concorrência e pegar o público da sala de surpresa. Bem, o Ivan quer contar tudo para o Joel. Melhor a fazer? Convidar o Ivan para integrar o jornal. Seu silêncio foi comprado. Ok, somos quatro.

Funções divididas: eu, Rafa, serei o projetista do jornal. Achamos que a palavra "projetista" é boa para definir "editor". O Ivan entra nessa também, porém, como colaborador. O Fábio cuida das histórias de ficção e suspense. Ele tem uma imaginação malucamente fértil! E o Luciano entra com matérias e datilografa tudo. Ele mora com os pais nos fundos de uma empresa cheia de máquinas de escrever... E ele tecla bem, o danado!

Falta encontrar uma solução para o problema mais aflitivo: como xerocar? Meu pai não pode mais usar a máquina da empresa dele. Agora somos mais alunos na 5ª série e temos que fazer cópias para os professores. Acabou o lance de uma "tia" por sala. Mas xerox é caro e ninguém tem grana. E contar com a direção da escola, nem pensar! O que mais se ouve no Aristides é que não há verba para nada. É por isso que as maçanetas das portas estão estragadas e não pintam os muros que são sujos pelos pichadores – a grande praga do colégio, como no ano passado.

Eis que entra na história o Marciano Tadeu de Souza. Ele tem uma tia que é dona de uma escola particular chamada Nova Lourenço Castanho, também no Itaim Bibi. Lá tem máquina de xerox. E a tia dele é o máximo. Vai ajudar a gente se souber que seu querido Marciano também está no time. Ele topa. Somos cinco!

Decidimos o nome. O Fábio brigou até o último instante por "Careta do Aristides", mas ficou *Gazeta* mesmo. E, em 29 de abril daquele mesmo ano, o jornal começa. Tem 4 folhas de sulfite escritas em frente e verso. Tiragem de cerca de 35 exemplares. Tem "Carta ao Leitor", "Índice", sessão "Piadas e Charadas", reportagem sobre *skate*, lançamento de um grande concurso em que premiaremos o garoto que fizer mais gols, sessão de fofocas ("O que aconteceu e acontecerá no Aristides") e sessão de quadrinhos (metade feita por mim, metade pelo Fábio). Na capa, um desenho meu que tenta reproduzir a fachada da escola. Minha assinatura vai bem grande, ao lado, em destaque.

Maio de 1988

O jornal sobrevive e vamos à segunda edição. As professoras gostaram e não sofremos censuras. Um aluno da sétima série – Eduardo Bastos, irmão do Luciano – nos manda uma carta. Ela é publicada. Dá muita moral ter uma cartinha de um garoto da sétima série no jornal.

Escrevo uma matéria sobre a nossa classe. É a capa do jornal, também desenhada por mim e igualmente acrescida de minha grande assinatura. Luciano mostra uma maturidade fora do comum para a idade. É ele quem agita as reuniões de pauta e nos cobra sobre os prazos. Já é um editor e não sabe. Fábio começa a escrever sua série de ficção científica: "Alfa Sete, o Mistério". Marciano ainda está se encontrando, mas agita bem as cópias e começa a mostrar uma paixão enorme por bichos. Quer escrever sobre isso. O Ivan anda meio preguiçoso, é verdade... Mas participou comigo da entrevista com os dois ganhadores do concurso de gols, lançado na edição passada (o prêmio dos caras é justamente ser entrevistado pelo jornal). Um dos meninos que leva o prêmio é o Joel – aquele, da concorrência. Ele agora parece estar todo amigão do jornal e até nos pede emprego. Mas eu ainda não gosto dele e utilizo meu poder de repórter para manipular uma de suas respostas de forma pejorativa:

Gazeta do Aristides:
– A quem você dedica sua vitória?
Joel:
– Para o meu papaizinho, que me ajudou a parar de engatinhar, e para a mamãezinha, que me deu mamadeirinha.

Outubro de 1988

A *Gazeta do Aristides* chega à quinta edição. E isso quase não acontece porque o jornal perigou ruir entre o terceiro e o quinto exemplar.

A fase áurea se foi. Aquela, em que fomos tratados quase como celebridades mirins quando visitamos a escola da tia do Marciano, aquela, em que consolidamos nossa união visitando a sede do jornal *O Estado de S. Paulo*. Vimos gráfica, redações e assistimos a uma palestra. Fomos aprender com os grandes!

No entanto, ultimamente, tudo deu errado. O jornal até aumentou sua tiragem – agora parte das sextas e sétimas séries também recebem a *Gazeta*, assim como a diretora (ela nos deu uma entrevista) e funcionários. A biblioteca Anne Frank, no mesmo bairro da escola, quer receber nossos exemplares. Temos mais matérias, colunas, assuntos e grande repercussão nos concursos que promovemos com a sala. Mas a equipe está ruindo.

O Joel (ah, o Joel!) jogou sujo comigo. Mandou uma carta para o jornal falando umas verdades. Os meninos leram antes de mim. Nela, ele alerta que quero ser o dono da *Gazeta*, que minha assinatura grande na capa é prova disso, que sou autoritário e monopolizador.

Os garotos ficaram furiosos com esse toque acerca da minha assinatura. Nem ligaram muito para o resto. Um dia, no recreio, me colocaram na parede. Aos gritos! Marciano chegou a pedir demissão e o Fábio até quis sair na porrada comigo. Foi tenso. Tive de me comprometer a reduzir meu autógrafo (eu chamava assim, e não de assinatura – eu já era um pouco metido, não?) em cada capa desenhada por mim. E fiz uma série de promessas ao grupo para que todos pudessem trabalhar em harmonia de novo.

Em seguida, rolaram as férias de julho. Descanso merecido, mas o Fábio foi para Salvador e não voltou a tempo de entregar suas matérias prometidas. Fizemos outras no lugar e o recebemos de volta com uma adorável notificação de demissão. Uau!

Aí danou-se! O Fábio deu uma entrevista cheia de mágoa para o jornal concorrente da sala. Sim, passamos a ter um jornal rival, chamado *Planeta Diário*. Adivinha quem era o editor? Sim, ele mesmo. O Joel.

Ainda assim, mesmo com a relação bem estremecida, aceitamos o Fábio de volta. Foi um modo de desarticular a concorrência, que já estava em vias de contratá-lo. Mas quando tudo parecia se acalmar, quem passou a dar problemas foi o Marciano.

Com o aumento da tiragem do nosso periódico, a tia dele começou a reclamar. A *Gazeta* passou a dar prejuízo para ela. Pequeno, mas existente. A isso somou-se o fato de que não dávamos muita bola para sua coluna de descrição de bichos selvagens. Em parte, isso era verdade. Luciano e eu desconfiávamos de que ele copiava as informações das fichas de animais, aquelas que vinham com o chocolate Surpresa, da Nestlé. Nunca provamos nada, apenas notamos que os textos eram bem parecidos. De qualquer forma, o Marciano se encheu disso tudo e pediu demissão de novo. E, dessa vez, pra valer.

Sem o Marciano, a gente listou todas as alternativas: xerox com meu pai de novo? Nem pensar. Não dava para contar com a direção da escola (e quem teria a iniciativa de ir pedir ajuda?). Tivemos de envolver o Marciano em uma sedutora rede de promessas para o seu retorno – e nos comprometer a ajudar financeiramente na missão de copiar o jornal com, pelo menos, alguns pacotes de papel sulfite. Melhor isso que passar a cobrar dos alunos: a *Gazeta* era e sempre seria gratuita.

Então, superados os problemas, cá estamos com o quinto exemplar. E um pouco mais felizes. O jornal do Joel acabou depois que demos uma notícia pesada sobre ele na nossa edição anterior – aliás, foi uma edição com mais de 20 páginas e que marcou o início das ilustrações em cada matéria. Além de uma grande carta minha dirigida a ele (também pesada, por sinal), publicamos uma troca de correspondências que achamos entre o Joel e uma garota de sua cidade. Lá, há fortes indícios de que rolaram beijos entre os dois. Isso foi demais para o Joel. A classe agora enche seu saco o tempo todo e ele perdeu a força. E nós... Bem, nós demos um furo de reportagem!

Março de 1989

Estamos agora na sexta série. E somos quatro. O Ivan repetiu de ano e ficou de fora.

O tesão já não é o mesmo entre nós. As férias de janeiro deram uma freada no pique de todos. As pessoas da sala parecem ter outros interesses. Há meninas mais velhas na turma agora. Vieram de outro colégio, parece. E estamos com uns três garotos repetentes na sala, também mais velhos. Dizem que um deles até fuma cigarro!

Estamos um pouco aflitos com a receptividade dessa nova galera. Já nos chamaram de *crianções* algumas vezes, já que vivemos em rodinhas falando do jornal. E eles estão falando de música e de uma tal de lambada, que parece que tem tudo para estourar!

Apesar de tudo, está aí a sexta edição. Com uma reportagem principal sobre a eletrônica. Coisa do Luciano. Um grande concurso que estimula a galera a bolar uma frase sobre o nosso colégio (que eu achava que ninguém estava ligando muito). Dicas de filmes, receitas, charadas. Quadrinhos, agora, só criados por mim. E até uma sessão com poesias que escrevi, para tentar ajudar os meninos e as meninas a matar a timidez que trava tanto nos bailinhos que eles passam a frequentar.

Junho de 1989

Em abril, completamos um ano de *Gazeta do Aristides*. E a gente passou muito tempo se matando para fazer uma edição comemorativa.

Mas a greve de professores da rede estadual de ensino nos pegou de surpresa! Foram dois meses de paralisações. Logo, aqui estamos. Junho... E tem um monte de coisa nesse sétimo exemplar da *Gazeta* que parece desatualizada. Mas que culpa a gente tem se o Orestes Quércia e os professores não chegaram a acordo algum nos meses que passaram?

A gente tinha se preparado tão bem... Se não tivesse greve, a edição sairia bonitinha, com tudo certo. Mas essa parada nos trabalhos foi broxante. E a gente se reuniu com um material defasado e optou por publicar mesmo assim. Refazer as matérias iria dar muito trabalho – e é a primeira vez que somos gente nova na nossa equipe de quatro pessoas.

A *Gazeta* virou mesmo um jornal de verdade. Tinha a equipe de xerox, liderada pelo Marciano, fora mais umas duas pessoas prontas para ajudar na escola da tia. Tinha uma mulher (também da Nova Lourenço Castanho) que digitava tudo e dava folga para o Luciano administrar todas as entregas. Ela também cuidou da tarefa de recortar e colar todas as ilustrações que eu mandei num papel à parte e que deveriam ser encaixadas em seus respectivos lugares. Ah, e tinha também outra pessoa que entregava os jornais para a gente no dia certo. E a tiragem, dessa vez, foi histórica: por volta de 100 exemplares!

Está certo que muita coisa deu errado. A mulher que digitava, por exemplo, se atrapalhou muito com nossos textos manuscritos e inverteu várias ordens de texto! Tadinha, ela ainda se esmerou em utilizar diferentes fontes de letras e tamanhos para melhorar a apresentação.

Mesmo assim, nada justifica o fato de ela ter errado ao não cortar nenhuma das ilustrações que eu mandei! Elas vieram impressas nos exemplares do jornal como se fosse um material que o próprio aluno leitor teria que cortar e colar. Ninguém entendeu nada. Ficou uma droga isso!

Bem, pelo menos na capa eu fiz uma ilustração em que os desenhos de cada uma das capas anteriores estavam reunidos (com a assinatura pequena, claro, para não criar conflito). Fora que tínhamos uma sessão de curiosidades irada; uma matéria minha, bem legal, sobre o aniversário de um ano de jornal; a sessão "Grandes Mistérios" (ficou muito bom meu texto sobre o Monstro do Lago Ness); uma matéria polêmica do Fábio sobre nossa prefeita, Erundina; o final da trama de "Alfa Sete, O Mistério" (esse Fábio!); dicas de filmes; passatempos e piadas do Luciano e mais bichos com o Marciano. Ah, e tinha a opinião de todos os alunos da classe sobre a greve – ao menos uma matéria quente, hehe...

Sei lá, agora as coisas estavam meio estranhas. A gente iria ter muito trabalho com a reposição de aulas. Eu sentia que os meninos estavam meio desanimados também; mas o fato de a classe ter participado em massa do concurso de frases que a gente propôs na edição passada me animou muito! Acho que daqui pra frente será cada vez mais trabalhoso, mas é o que eu escrevi no fim do meu texto sobre o aniversário de um ano do nosso jornalzinho: não quero que essa data se repita uma vez só, mas várias outras vezes!

Eu tenho certeza de que ainda iremos muito longe com esse jornal. Ele vai ter muito tempo de vida, vocês vão ver!

10 de setembro de 2008

Acabei de mexer nas histórias em quadrinho que escrevi entre os anos de 1986 e 1990. A turma do Fortudos rendeu um total de 87 historinhas. Algumas com mais de 100 páginas, como aquela em que a galera combate o Jason de *Sexta-Feira 13*. Quem diria que entre os meses de junho de 1989 e agosto de 1990, momento que, enfim, parei de desenhar, eu produziria tantas histórias? Quem diria que eu supriria a falta que a *Gazeta do Aristides* fez na minha vida com mais e mais desenhos solitários?

Eu estava relendo os meus exemplares do jornalzinho agora há pouco. Porém, nunca mais li o número 3 – o único que não consegui guardar. Será que algum colega tem?

Quem sabe um dia eu procuro na casa do Marciano. Será que ele vai ter tempo para mim agora que tem a "Confraria da Paçoca" e suas múltiplas atividades de filósofo? Nem sei se a USP ainda exige tanto dele como antes.

E o Luciano? Deve estar muito ocupado com a vida nova de engenheiro. Que bom que ele otimizou sua enorme inteligência, organização e disciplina e fez o que queria.

O mesmo fez o Fábio: sempre foi o mais inteligente da turma; fez Jornalismo também, depois Direito, mas é feliz sendo o pai da Helena e curtindo rock em casa todo dia depois de trabalhar como concursado.

O Ivan pode ser que tenha o exemplar perdido. Ele é sentimental como eu. Mas duvido que ele tenha tempo para isso agora que acabou de se separar da esposa.

Na verdade, eu também não tenho tempo. Daqui a pouco preciso dormir porque amanhã tenho coisas do *CQC* pra fazer.

Mas tomara que esta noite eu tenha sonhos parecidos com os que tive na minha época de fazer jornal na escola com meus melhores amigos.

naquele tempo
março de 2006

Esse é o meu segredo.
Tenho medo,
Medo de contar,
Que tenho, eu mesmo,
Outro alguém,
Aqui no meu lugar.

Se eu contar como me sinto,
Justo agora,
Eu não sei explicar.
Foi tão simples e bonito:
Levo isso comigo.
Pra lembrar.

E o meu amor sem jeito,
Fez um nó no peito,
Pra ficar.
Não foi nunca embora,
Mora em mim agora,
Em meu lugar.

Deu-me um verso mais bonito
Pra ficar aqui comigo.
Fez-me ver que gosto disso;
Vício de gostar.

Fez de algo singelo um riso,
Veio para fazer ver nisso,
Que em tudo que hoje acredito;
Veio me mudar.

Agora onde quer que eu vá,
Distante
Ou perto, lá,
Bem longe...
Eu nunca sei
Onde me encontrar?

Se tenho hoje
O que em mim
Se esconde,
Eu só me encontro
Onde
A melodia fica.

Só para entender o que é o amor
Eu descobri o universo.
Fui além do que compreendi,
Pra voltar para alguém.

Com tudo que sei que aprendi,
O que é que eu vou fazer?
Se todo esse tempo que perdi,
Não serviu para ninguém?

E o meu amor sem jeito,
Fez um nó no peito,
Pra ficar.
Não foi nunca embora,
Mora em mim agora,
Em meu lugar.

E é aqui que fica,
É aqui que fica,
É aqui que ficará.

delírio

maio de 2008

BICICLETA VERMELHA, surgindo e sumindo. Ele está à vista. Embaixadinhas. Rainha do futebol. Ela continua, ainda! Um carro acelera, corre! Ele deveria ser preso. Cachorros latindo na casa do fundo. Onde está o seu irmão? O portão de ferro abrindo à distância. Será esse o seu pai? Batidas ritmadas na porta de vidro. Chegou alguém que se ama demais.

Quem varre logo cedo na porta de casa é sempre a velha. Um carro Gol chegando tarde. Tomara que elas venham! Um susto na madrugada, um barulho na janela. Batata frita e suco de laranja na noite alta.

Guerra d'água. Festa junina. Corpo de bombeiros. Um grito no meio da tarde. A casa inteira com o mesmo cheiro. Às quintas-feiras, melancia e verdura obrigatória. Reza braba com a empregada. A bengala e a baguete, juntas.

Croques do primo. Um dia de luta. Novela na tarde, que começa cedo. Cigarro no telhado com o vizinho. Espreitar a boazuda da casa ao lado... Que faz isso de propósito – e com carinho. Medo que sai. Medo que volta. Medo que sempre volte. Medo de querer que alguém nunca volte.

Leite condensado, aos goles e escondido. Revista proibida debaixo da cama. Chocolate nas gavetas, esquecido e vencido. Baratas cascudas, grandes, voadoras.

Medo do gato no muro alto do quintal.

Barulho de pão de dia, bem cedo. O mistério da casa desconhecida se desvenda quando se falta à escola. Máquina de lavar soando alto, como a rádio FM. Quebra-cabeças e desenhos de avião assinados.

Quarto dos fundos, estudo. Quarto dos fundos, depósito. Quarto dos fundos, lixão. Paredes sujas, mistura de papel moído no teto. Carpete imundo no chão. Camas quebradas, portas caídas. Dormir sem estrado, só no colchão.

Primeiros beijos mais ousados, primeiras carícias, primeira paixão. Cigarro Gudang Garam. Teatro para quem pode fugir. Quantas fichas você tem? Há unidades no cartão? Tem alguém aí? Cinema, quando dá. Rádio AM aos domingos. Medo de acordar. Medo da surpresa, dormindo. Um soco na parede e tudo volta, de novo.

rua das estrelas sirius
fevereiro de 2006

Olha, as coisas como são,
No mundo onde vão,
Ao mundo como vêm.

Se eu só de amor vivesse, sempre, um dia
Muito mais feliz seria
Só de amor e bem.

Olha, é o coração que vê:
Há coisas sendo feitas
Pensando em vocês.

Posso ser feliz porque...

Sinto as coisas mais lindas
Bem-vindas do céu
Penso em vocês ainda como algo meu.

Olha, é o coração que vê:
Há coisas sendo feitas
Pensando em vocês.

E essa é feita pra vocês...

pensando em meus avós
agosto de 2012

RECENTEMENTE, soube de uma coisa que me deixou atordoado: minha avó, dona Maria Regina Cortez, 90 anos de idade, carioca, viúva desde 1996, após pouco mais de 50 anos de matrimônio, mãe de 7 filhos, amada por 11 netos e 8 bisnetos, matriarca da família Cortez, não pisava em solo carioca há, pelo menos, uns 8 anos.

Fiquei aflito de pensar que minha avó não resgatava suas origens há quase uma década. E, a contar por sua idade avançada, ainda que goze de boa saúde, me preocupou imaginar que ela talvez não voltasse à sua terra a tempo para matar saudades ou simplesmente passear.

Eis que fiz algo que me deu uma grande alegria: mandei a velhinha querida para a "cidade maravilhosa", com tudo pago por mim. Ela e uma santa tia, a Cuca, que também adorou o presente.

Foi muito especial proporcionar isso para minha avó. Ela foi e voltou de avião. Como sei que ela nunca teve uma oportunidade dessas antes, coloquei-a no Copacabana Palace. Quarto de frente para o mar. Coisa fina. Minha tia cuidou de uma programação especial: rolaram jantares gostosos e passeios agradáveis, num merecido descanso de final de semana.

Eu me senti profundamente recompensado quando falei com minha avó pelo telefone assim que ela chegou ao Rio. Entusiasmada, contou-me que estava sentadinha à beira da piscina vendo o pessoal nadar, tomando um suco, depois de comer estrogonofe de camarão. Tirando fotografias!

Dois dias após a sua volta, recebo em casa um vaso de orquídeas com um cartão. No texto da linda senhora, singelo e emocionado, um agradecimento especial pelo mimo do neto.

Mas quem deve agradecer sempre sou eu. Minha avó é uma das pessoas mais doces e encantadoras que já conheci na vida. Ela tem uma incrível capacidade de deixar apaixonadas as pessoas à sua volta. Usa tão somente sua simplicidade e carisma, nada mais. Não me recordo de vê-la ler um livro perto de mim, mas sempre soube que essa mulher é uma das pessoas mais inteligentes que conheci. E, para meu deleite, ela está aqui, viva, elegante e amorosa até hoje. Pude fazer algo por ela e poderei fazer mais. Uma sorte que tenho agora, mas que não aconteceu com meus outros avós.

O Sr. Ruy Caiuby, pai da minha mãe, faleceu quando eu tinha cerca de 12 anos. O que eu pude efetivamente fazer por ele, a não ser entregar alguns desenhos e alisar sua mão enquanto ele sofria numa maca domiciliar? Uma pena. Ele era um "crânio", como se dizia antigamente de alguém muito inteligente. Ouvia o Concerto de Aranjuéz, obra para violão e orquestra de Joaquín Rodrigo, recorrentemente. Decerto nunca imaginou que um de seus netos seria violonista e também amaria essa peça fascinante.

Vovô Zé, marido da dona Regina... Na verdade, senhor José Pinheiro Cortez. Era formado em Direito, pela USP, e em Serviço Social, pela PUC. Estudou Filosofia. Falava latim. Aprendeu francês, inglês e italiano sozinho, lendo textos e romances por conta própria. Foi professor emérito da PUC-SP, onde lecionou por mais de 5 décadas. Fundou a Faculdade de Serviço Social dessa mesma instituição e foi um dos fundadores da Juventude Católica (JUC), além da Faculdade Paulista de Serviço Social e do Instituto de Serviço Social, que dirigiu até a morte.

Um cara brilhante, com um papo interessantíssimo. Ensinou-me a olhar as estrelas com um telescópio em 1986, quando todo mundo só queria saber de ver o Cometa Halley. Com ele, aprendi trava-línguas e jogos de raciocínio. Dividiu comigo frases na língua dos romanos. Graças a seu nome, consegui uma bolsa de estudos restituível na faculdade de jornalismo. E o que eu pude fazer concretamente por ele? Não deu tempo.

Como também não deu tempo de mostrar o melhor de mim para a minha primeira mecenas. Ela foi a minha maior incentivadora artística, a senhora que pagou minhas aulas de violão quando eu não tinha um centavo: Dona Helena Caiuby, mãe da minha mãe, uma mulher extraordinária, que passou para mim e para meus irmãos o amor pelos livros, em especial, pela literatura de Monteiro Lobato. Vovó Lena, como a chamamos até hoje, lia para nós *Os Doze Trabalhos de Hércules*. Apresentou-nos a Mitologia Grega e o estudo do Inglês. Professora aposentada da Aliança Francesa, em São Paulo, ensinou um pouco do idioma para a Thais, minha irmã. Na minha época de vestibular, era ela a minha professora de redação. Por conta da morte do antropólogo Darcy Ribeiro, vovó Lena me fez escrever várias versões de um texto que analisava sua passagem e o seu legado. Era exigente. Não deixava passar uma vírgula fora do lugar. Eu batia o pé, chiava, me irritava, mas escrevi tanto que acabei me formando em Jornalismo. E, diga-se, foi na casa dela que estudei como louco na quinzena que antecedeu as provas. Ao término de cada jornada de estudos, ela me oferecia uma sobremesa mais gostosa que a outra e se despedia de mim com um beijo carinhoso na testa. Era a minha recompensa.

Apresentado todo esse panorama, chego à conclusão sobre um fato: uma das relações mais injustas que temos na vida é com nossos avós. Aliás, nessa relação aparentemente cheia de amor, reina uma tristeza muito grande. Acompanhe comigo.

O amor entre avós e netos é breve, mas avassalador. Os avós já erraram bastante com seus filhos; então consertam o histórico negativo com os filhos deles. A mãe não deixa, o pai é bravo enquanto os avós são um porto seguro. Eles são mais carinhosos, têm aquela experiência e paciência que os pais ainda não conquistaram... E alguma culpa também. Reparam erros históricos na figura das novas gerações. Tornam-se verdadeiros heróis.

Os netos mitificam os bons velhinhos. Quando chegamos, os avós já viveram bastante, erraram em demasia e agora gozam de alguma maturidade real; ou, ao menos, daquela serenidade que associamos às pessoas de idade. Suas vidas pregressas, desconhecemos. Só vivemos o melhor dos nossos avós, ao contrário de nossos pais, que bem os conhecem. Logo, é comum colocarmos esses parentes especiais numa espécie de pedestal. Eles se doam muito por nós e queremos retribuir.

Mas a coisa fica injusta quando podemos, finalmente, fazer algo por eles. Recompensar à altura tanto amor e dedicação. Já adultos e estabelecidos, queremos mostrar serviço ou dar um retorno de gente grande. Contudo, salvo raras exceções, é tarde demais. Os avós já faleceram. Eles não puderam viver o bastante para ver o ser humano vencedor que você se tornou. Tampouco verão seus filhos e os netos que um dia você terá.

Dona Maria Regina é minha única avó que pode testemunhar o que vivo agora. Faço bem menos por ela do que gostaria, pois tenho a vida tomada por muitas coisas e a bagunça reina, muitas vezes. Mas fico feliz em recebê-la em casa de vez em quando para um lanche; ou por enfatizar, simplesmente, que a amo.

Vó Rê estava no lançamento do meu CD *Elegia da Alma*. Ela me viu tocar "Helena", minha composição instrumental para vovó Lena, a que hoje tudo vê, tudo sabe e muito me prestigia, mas em espírito. Desde 2009 é assim. Eu tento me adaptar a esse novo modo de conviver com uma das pessoas que eu mais queria por perto agora, justamente quando começo a me tornar um homem de verdade. É bem doloroso.

O alento, o que vem todos os dias, é o mesmo que você tem agora, ao também pensar nos seus avós que lhe fazem falta. Eles sorriem enquanto você chora. Eles o amam lá de cima, é isso que importa. Eu não só creio nisso como, efetivamente, sinto essa verdade como absoluta. Sugiro a você que faça o mesmo.

helena
abril de 2006

Outro dia surge,
Amanheceu bem mais cedo.
Nova poesia,
Amanhã,
Bem mais cedo.

Vai falar de quem eu conheci,
Que tanto amei – e hoje esqueci,
Na solidão dos que não dormem.

Como se eu pudesse ver aqui
O que eu melhor encontro em mim
Em meio à noite tão enorme.

Hoje o dia surge
Começando bem mais cedo.
Nova poesia,
Amanhã,
Bem mais cedo.

Vem para me mostrar que eu não sei mais,
Lembrar das coisas como eu sei que são,
Como foram.

Pois há mais alguém que hoje também sei que não dorme
Para quem, também, o dia vem na noite enorme.

Doce melodia em meio ao sol;
Paz e poesia andam sós.
Hoje se despedem entre livros e notas.
Como isso é possível nos poemas que me tocam...

Doce melodia em meio ao sol,
Talvez mais um dia e ele só.

Como vai? Pra onde vai? Por que é assim comigo?
Como alguém pode viver morrendo estando vivo?

Outro dia surge.
Amanheceu.
O dia surge.
Amanheceu.

o homem de azul

outubro de 2012

O HOMEM DE AZUL nunca me disse ao certo porque se autodefinia como Homem de Azul. Por muito tempo, a explicação mais lógica para mim mesmo era a minha: ele tinha o sangue azul, como dizem ser o sangue dos reis.

Havia muita nobreza em seu olhar, muita elegância, não só em sua voz, que ainda está na secretária eletrônica de Copacabana. Era todo um sentido de realeza em um ser, que viveu o que há de mais mundano, mas que soube subir ao altar dos elevados ao optar pelo caráter, pela gentileza e pela bondade, em primeiro lugar.

Uma incógnita quando criança, aquele que mora longe e aparece de vez em nunca. O nunca, um dia, virou constante e, para nosso deleite, ele aparecia com novidades e simpatias cariocas. Uma mão biônica de brinquedo. A diversão de uma brincadeira chamada "gato mia". Um jeans escuro. Perfumes, que só ele tinha. Mais tarde, um disco dos Smiths, *The Queen is Dead*. E a gente o adorava!

Em 1996, o Homem de Azul abriu o castelo e me recebeu. Com toda pompa e circunstância, como só os nobres sabem fazer. Iniciava-se um ciclo de alegrias que ainda continua, mas agora a meu modo: sozinho e pelas minhas lembranças.

Minha boina feia, que eu pensava ser a mais bela. Meus bermudões, que contrastavam com seus *shorts* curtos, debochando do menino que eu era ante o homenzarrão que ele sempre fora. Suas namoradas, tão garotas como as minhas, mas cientes de que havia quase um pai com elas, não um moleque como eu. No brinde ao novo ano nas Pedras do Arpoador, o sorriso aberto ainda, como o de sempre, sempre e sempre: a hospitalidade generosa era fruto de muito carinho.

Finalmente adulto, vi o Homem de Azul praticamente casado, morador de Barcelona, cidadão do mundo, mas ainda infeliz, como muitas vezes o vi ser. Foi preciso esperar que ele entendesse que vivera quase 40 anos para ser pleno, não como neto da tia Odila, filho da Marta, advogado, cantor de banda de rock, vendedor de celulares, *chef* de cozinha, maratonista da Vieira Souto, enólogo nas horas vagas ou amante de boa música: eis que foi como marido de sua alma gêmea e pai de sua filha que o grande homem se encontrou.

Na última vez que vi o Homem de Azul ele estava finalmente feliz. A vida fazia sentido, enfim. Mesmo que ainda não faça nenhum sentido que a vida tenha terminado para ele justo quando valia a pena viver.

Passado um ano, Homem de Azul, hoje entendo que o azul a que você se referia é o azul do céu que lhe abriga. E essa estrela que eu vi brilhar pode agora ser a extensão do seu belo sorriso, não é?

É claro que é.

Saudades, do seu primo.

condolências

maio de 2014

Como eu faço para colocar o meu coração no lugar do seu?
Quisera poder fazer você não chorar agora;
Quem dera mostrar que o tempo é a razão dessa hora –
E há quem melhor conforte, seu guia, seu Norte: falo de Deus.

Como eu faço para brotar um sorriso no seu rosto de novo?
Como eu quero sua pele na minha, num abraço gostoso...
Eu, num beijo amigo, sorrio contigo e provo que o amor vem aos poucos.
Ele está no carinho, no afago, no que há meu de conforto.

Como se faz para trazer sua dor para dentro do meu peito?
Eu já sofri no passado – e o tempo amargo me fez hoje forte.
E nem mesmo o açoite, o escuro da noite, nem a própria morte,
Nem mesmo a tristeza do fim me convence que o fim está feito.

Como eu mostro que a vida ainda é rica e bonita?
Talvez com meus passos ao lado dos seus, daqui até o fim;
Ou mostrando outra vida, outra face querida,
Um amor fruto de um sim.

Talvez desse modo você veja Deus em bondade infinita...

Mas, meu amor, cuja alma é tão linda,
A quem eu agradeço como algo tão meu
Por todo o tempo. Por uma vida ainda...
Como eu faço para colocar o meu coração no lugar do seu?

do que me disse ravel

outubro de 2008

Um dia ela apareceu; de onde, ninguém até hoje sabe. Só o que era claro a seu respeito era que estava sozinha e teria um destino certamente infeliz. Chegou e recebeu um mundo todo, novo em folha, repleto de alternativas.

Retribuiu como pôde. Transformou-se em pouco tempo na grande sensação. Não havia quem não a notasse prontamente – e como poderia ser diferente?

Esteve em todos os momentos desde então. Nos bons e nos ruins. Teve todo aquele lugar para aproveitar com a gente no tempo certo e, assim como nós, também teve medo quando deixou o refúgio de sonhos para seguir em frente na nova empreitada, rumo à casa distante e pequena.

Lá, ela solidificou sua personalidade. E era forte, a danada. Boa de briga, se preciso. Um pouco neurótica, é fato. Mas amiga de quem merecia. Não tinha papas na língua. Dizia a todo instante que gostava disso ou daquilo. Que queria as coisas – e que viessem logo. Não sei se ela saberia esperar pelas melhores, na hora devida.

Algumas dessas coisas nunca vieram. Outras, ela conquistou naturalmente. Das mais importantes, a amizade com aquela mulher que acostumou a chamar de mãe. E que, como ela, também aprendeu a amar no tempo certo.

Ela viu tudo mudar muito à sua volta. Quem disse que gostou? Mas, quem diria, ela também soube modificar o pequeno montante de coisas da sua realidade. Conseguiu impor sua rotina e ganhou reconhecimento em ações pequenas, em pequenos gestos. Sábios aqueles que souberam compreender.

No entanto, ela também envelheceu. E, aos poucos, percebeu o que todo mundo já sabe, mas nem sempre questiona: uma hora, a gente parte. De uns tempos pra cá, ficou cansada de tudo. Demais. Acabou por nem se levantar.

Da última vez que nos vimos eu entendi: a danada despediu-se a seu modo – abanando o rabinho! E eu sei que ela estava grata por tudo – e já com a mesma saudade que eu tenho.

praça japubá 35, apartamento 92 a
julho de 2004

Eu queria, por um instante apenas,
Dar aos meus olhos uma chance pequena,
Guardar neles o registro mais fiel,
Como uma máquina que não perde nada,
A captar cada detalhe do vasto céu,
Trazendo-me cada estrela dessa madrugada.

Eu queria ter no corpo ainda os cheiros,
Os gostos, o tato, os temperos;
Queria levar comigo, se coubesse na minha bagagem,
A lembrança que revele,
Que foi mais que uma passagem,
Como se pele da minha pele.

Queria ter para sempre os sabores na boca,
O vento na cara, quando me via no terraço;
O conforto do meu canto, que me viu com amor – e tanto!
Acolheu-me quando eu era triste,
Viu-me viver uma paixão tão louca,
E, depois, me deu seu melhor abraço.

Mas nada, nada além do que eu queria.
Absolutamente nada disso que existe,
Nada disso é palpável: só a saudade já sentida,
Somente o meu choro tão guardado.
É cada lembrança que dói. É muita tristeza.
É muita mágoa.

Cresce como nunca o registro,
De que eu parto só, e nada levo, amigo.
A outra parte, a que fica, a outra vida
Não vai morar comigo em outra casa
E nem se dar conta de que, na hora da despedida,
Quase tudo dá em nada.

cria cuervos

setembro de 2009

Quem hoje vê, não sabe o que eram os plásticos vedando as janelas. Tampouco imagina que, naquela tarde de outono, em meio à tormenta, as águas sujas da rua invadiram a casa e nela permaneceram para residir por muito tempo.

Talvez desconheçam os pedaços de papel molhado, mordiscados de anos de doença e tédio, grudados nos tetos das paredes, como um adorno insano de um lar ainda mais intenso. Talvez ninguém saiba que, num mundo agora tão pleno, as lembranças matam como as canções tristes que ecoavam nas tardes inteiras de desenhos e quebra-cabeças.

O que ninguém diz agora – e que sequer desconfia –, é que tudo foi tão diferente um dia... Que o barulho do portão abrindo e fechando podia ser tido como o início ou o fim de um calvário. Que destoava dos jogos de rua, das noites populares, do amor adolescente e da vizinha nua. Que destoava do pote de doce em cima do armário e da tragada inocente no que parecia mais que um cigarro.

Nada será capaz de sublimar as recordações daquela festa, de uma nova aurora iniciada, com a saída do homem escorraçado. Nada afligiu mais do que não dar consolo a ele, tão só, chorando um morto. Momentos novos não bastam para matar de vez a premissa triste: a de que uma dor ainda existe, uma constatação ainda resta e uma certeza aqui reside. Como, e por quanto tempo, sem nem mesmo um só alento, tudo foi tão, mas tão triste!

No entanto, hoje, os quadros da sala estão cada vez mais coloridos.

a biografia
novembro de 2006

Deve ter algo que explique
Essa tristeza recorrente,
A sensação de que pesa tudo no mundo.

Deve haver algo que justifique
Esse passo cansado,
O olhar baixo, derrotista,
O peito arfado,
O clima pesado,
Pessimista.

As mesmas velhas dores,
A cura de tudo,
Que não se encontra em nada;
A busca pelo riso breve,
Quando o que passou não serve,
Os dias entregues,
A noite pesada.

Se dói, assim segue,
Se cura, estraga.

Deve ter algo,
Alguma coisa imensa,
Uma explicação no tempo...

Só pode ser isso,
Deve ter algo que convença:
Por que viver esse suplício?

Uma receita num texto
Que alguém já fez no início,
Que virou um livro.

Coisa de outro que já foi vivo
E fez passar os olhos
No próprio tempo onde viu muito,
E soube de tudo,
Ou do muito, pouco.

O jeito é passar a vida a limpo,
Eis a minha.
Cadê a sua?
Talvez alguém folheie um dia.

o menino
fevereiro de 2013

O MENINO MAL TEVE TEMPO de guardar o estojo com os lápis de cor. A enxurrada já tocava seus pés quando ele se deu conta que teria de partir.

De nada adiantou gritar por um tempo extra para juntar os gibis, dar um retoque na capa da última edição ou assinar a obra derradeira. A urgência o queria fora da sala, fora da casa, fora do mundo!

Aos prantos, o menino suplicou por um aviãozinho, apenas um aviãozinho entre as mais de 30 miniaturas montadas e colecionadas por ele. Que pudesse pegar um F-15 ou o SR-71 A, o "Blackbird"! Ele se contentaria até com um F-4 Phantom, que nem era um dos seus prediletos e seria lucro naquele contexto. Mas a água lhe chegava à cintura e ele não sabia nadar, não naquela água.

Subiu as escadas berrando e agarrou-se à porta do quarto. A correnteza o arrastou sem piedade e o lançou de volta aos degraus, que foram testemunhas de sua grande coragem, dos primeiros passos de bebê.

Cravou as unhas pelo corrimão das escorregadas do super-herói de tardes entediantes. Na sala, nem pôde se despedir das cadeiras onde montava cabanas de cobertores com os irmãos. À essa altura, ele já engasgava com a água da enchente.

Antes de ser engolido por completo, percebeu que a porta da casa estava aberta, que a vila também estava inundada. O menino gritou em vão pelos amigos que não poderiam ouvir mais nada, pois todos já estavam mortos ou esquecidos no passado.

◎◎◎

O homem de quase 40 anos foi acalmado no divã. Após uma crise de choro e sofrimento, eis que, finalmente, ele matara o menino que vivia dentro de si.

o ninar
abril de 2007

Madrugada de sexta-feira.
A noite passa pesada
Contrasta com o sono dos que dormem juntos,
Dos que têm a alma acalentada
Pelo sono único,
Que é tudo
E é nada.

Meu sono se perdeu
De novo
Nas ilusões insanas
De uma vida a dois,
Procurada pelas ruas,
Na bebida
E em mais depois.

Alguém diria, talvez,
Que minha busca é inútil,
Que o sentido da vida – e qual ele é? –
Tem o mesmo desfecho de sempre.
O amor me alimenta de boa-fé,
Mas todo mundo acaba só,
Decadente.

É nisso que se unem os poetas,
Na mesma idiota impressão
De que há algum sentido,
Que talvez haja uma resposta
Na companhia preguiçosa
De quem apenas dorme ao lado,
Mesmo sem ter rosto conhecido.

Mas quantas noites mais,
Por quanto tempo, ainda,
Aprenderei a ser ninado,
Embalado por mim mesmo?

transcende[1]

agosto de 2005

Transcendência.
Aponta no horizonte o novo ponto de encontro.
Talvez, quem sabe, seja porto da partida,
Um lugar de confronto,
O ponto em que começa o que termina nessa vida.

Essência.
Revela em longo alcance,
O que nem todos capturam.
Talvez surja outra chance
Ou está ali o amor que procuram.

Ausência.
Além do que é palpável,
Longe do conhecido,
Se é inalcançável,
Transcender se faz preciso.

Clemência.
E que se dê esse romance,
Encerrando o feitiço,
Que botou tudo fora de alcance;
Quiçá a morte encerre isso?

---

[1] Inspirado no filme *Morte em Veneza*, de Luchino Visconti.

Urgência.
O amor que era aguardado,
E pela vida se manteve ausente,
Decerto provém de um gesto encantado,
Contraste amargo – vem do adolescente.

Demência.
Eis que se aponta, além do que conhece
Algo longe – ao certo onde? – ele também não sabe.
Talvez o ponto onde o amor comece
Quem sabe o ponto onde o amor acabe.

Do gesto de Tadzio,

Só o transcendente sabe.

JUVENTUDE E EXISTENCIALISMO

depoimento da velha bruxa
(onde se explica o nascimento de sua dor)
novembro de 2005[2]

ATÉ QUEM ME CONHECE desconhece a que me refiro. Do que eu falo agora, do que me fere como pode. Pois saibam – nessa hora, se vem de mim o que prefiro – revelo já senhora, o que me mata e o que me move.

Pode ser fácil me julgar sem ter ciência do meu passado. Desconhecendo minha história, nada melhor do que abusar dos estereótipos para me classificar. É muito cômodo rotular-me, qual caricatura, de maneira cruel, alienada ao que eu já vivi. É muito fácil desconhecer que um dia eu também amei.

Nunca revelei a ninguém o episódio que descrevo agora. Peço desculpas antecipadas se minha redação for alterada com o percurso da dor. Acostumei-me a enterrar em mim essas recordações cruéis de outrora. Entristeço facilmente quando penso em meu passado de amor.

Vivíamos em estado de graça, sempre. Envolvidos em carinho e risos, eu, meus pais e meu pequeno Théo. Irmão mais novo, lindo, sempre adorado por todos. Gracioso como poucos, menino, puro, criança. No percurso de minhas lágrimas eu o trago à lembrança.

Na fazenda em que vivíamos e onde aprendíamos com a vida, brincávamos o tempo todo. Eu, irmã cinco anos mais velha, levava meu pequeno anjo pelas porteiras de nossas terras, rolando em ribanceiras e comendo frutas do pé. Iludidos que éramos, as flores, os pássaros e a terra eram

---

[2] Texto escrito em novembro de 2005, como proposta de gênese da Bruxa Malvada do Oeste, minha personagem na peça *O Mágico de Oz*, da Cia. 4 na Trilha. Livre adaptação de uma história do poeta, pintor e escritor Guilherme de Faria, meu tio.

nossos brinquedos mais ternos. Eram nossos confidentes, anjos da guarda e amigos mais velhos. Da nossa meninice montávamos nossos castelos.

Brejeiros, subíamos em árvores, caçávamos passarinhos e nadávamos nus nos rios. Sem pecado, imunes ao mundo externo, de homens corrompidos, de vestígios do veneno e do mal incontido. Théo, com seus cabelos de cachinhos, era, sim, meu passarinho – dos amigos, o mais fiel.

Nossos pais, guerreiros da lavoura, predestinados à labuta, faziam da enxada e do arado parceiros confidentes. Saíam bem cedo, voltavam tão tarde, confiando na gente. Nos cestos, que iam vazios, traziam as roupas de frio, o pão e o leite.

Em meio aos meus ofícios de criança, comprometidos com as muitas brincadeiras e com as faces da infância, ensinava ao meu anjinho irmão as muitas coisas do mundo. Falava dos bichos, de como crescem as plantas, do mundo sem vícios e do viço que a criança tece. De como as formigas são fortes na luta diária de suas vidas e como o mel pode ser doce quando provado com quem se gosta. De como as águas do rio são frias, de como as tardes têm magia e que bela amizade era a nossa. O sabor das maçãs que comíamos do alto das árvores era mais doce, porque selava o amor de irmãos. A lama ganhava forma de o que quer que fosse, e tudo graças às nossas mãos.

Não raro, voltávamos tarde para casa, com os pais trabalhadores já aflitos à nossa espera. E, no entanto, tudo eram abraços e beijos à nossa volta quando despontávamos na serra: chegávamos sujos, inteiros, brincando com bichos, sorrisos bem quistos, típicos da infância. Nossos pais esqueciam o tom aflito ao lembrar, satisfeitos, que apenas éramos crianças.

Toda noite, antes mesmo do sono aguardado e da cama posta, jantávamos alegremente. Théo ia, lindo, ao meu colo de irmã e amiga, ouvir histórias que – se é que consigo – poderia lembrar como as nossas. Prostrados em nossos cantinhos em volta do braseiro, tínhamos, aos nossos pés, a magia de um mundo inteiro. Com os olhos lindos e iluminados, criança faceira que era, meu irmão ouvia histórias de bruxas, de fadas, de princesas, de muitas belezas, de outra era, vindas de um livro que nos dava abrigo. E, com destreza e inteligência, ele sorvia o que eu lia e me escutava atento. Por vezes, me abraçava forte, com medo do mal. Eu tinha a sorte de senti-lo por dentro. Adormecia em meu colo, seguro em seu mundo ideal.

Quantas foram as tardes em que embelezava Théo, com seus lindos cachinhos dourados na cabeça, em laços de fitas e em puras roupas de cetim. Pegava os retalhos de minha mãe, que sorria, em notar como o amava e o queria, no modo que o vestia. Iluminado, com roupas de fada, era ele mesmo o meu pequeno brinquedo de porcelana: Théo, aquele a quem sempre se ama. Eu lhe penteava as madeixas que – até hoje, acho – eram os cabelos do anjo Gabriel.

Uma tarde, com os pais fora, na lavoura, e minha cabeça em nuvens, levava a vida, como em outros dias. Minha mãe deixara, como sempre, a atribuição que me cabia. Fez, mais uma vez, suas muitas recomendações: de cuidado com meu irmão, de atenção com a casa e com os pertences, de cuidar da gente, como era de praxe. Nunca a decepcionava em nada e – mesmo com a nossa molecagem – ela não tinha razão de se preocupar.

Théo queria uma história, mais uma narrativa. Não queria, naquele momento da tarde, sair da minha própria vida: estava entretida com um novo amigo, um pequeno cachorrinho, que surgiu na fazenda, do nada. Théo tinha medo do cão, apesar de ambos serem tão pequenos e de não haver risco de qualquer um fazer mal ao outro. Com ciúmes do meu amigo, meu anjo fez de tudo pela minha atenção. Mas eu estava distraída e saí porta afora, feliz da vida, a brincar com o cão.

Foi esse ato de criança impulsiva que marcou – e marca ainda – o que levo no peito, como imensa punição.

Entristecido comigo, por negar-lhe a fábula, meu menino Théo, vestido com fitas, laços e cetins, aproximou-se do braseiro onde repousava nosso livro de fadas. Como parte da encenação mais trágica da minha sina, posso imaginar, até hoje, saltando sobre ele, tão quente e fina, uma brasa do fogão. Ela deve ter tocado, cruel, o cetim e, num átimo, lambido o seu corpo, envolvendo-o em fogo.

Enquanto eu rolava na relva com meu amigo novo, meu pequeno irmão ardia em chamas, clamando por mim. Saiu pela porta da cozinha, em um desespero de fogo, dor e sangue. Correu pelos cafezais como uma trágica tocha de criança, urrando a dor da sua morte anunciada. Quando dei por mim, ouvi sua voz desesperada, vi o céu convocar a criança errada: por que o meu Théo, se meu Théo eu quero tanto? Eu o encontrei ainda ardendo, seu corpo morrendo, sua pele queimando. Mesmo que tenha apagado sua chama, ele morreu em meu colo, nu, negro e sofrendo, ainda dizendo: "O seu irmão é que te ama".

Por sua trilha de dor nos cafezais, notei, por entre os arbustos, em meio aos meus soluços, o fato mais triste, eu acho: em cada pé de café, um cacho. Seus cabelos loiros estavam em pedaços em cada canto da terra que o viu morrer em meus braços.

O maior pecado da minha vida mora nessa lembrança.

O meu maior mal é ainda estar viva.

estranha chama
janeiro de 2003

Te tenho entre meus dedos,
Te trago
Deposito em ti meus medos,
Me estrago.

Sou eu quem te sorve nas tardes
Em meio às noites repletas de tristeza,
Mas és tu quem me consomes,
Mostrando o lado homem
Sempre às voltas com impureza.

À medida que te chamo,
Te faço viver e morrer na estranha chama
És tu que me eliminas
Completa a sina:
Matas quem te ama.

Não tem jeito, é assim mesmo:
Quando te apago, morro um pouco,
Mas nos meus lábios te recebo sempre com um beijo.

my love night club
maio de 2006

Dançam embaladas ao som de que música?
Não há melodia mais convincente do que a das folhas verde-azuladas
Roçando umas nas outras ao fim de outro martírio,
Saldo final do calvário que se ilude em dança.

Cada peça de roupa que não tiro,
Cada drinque que não pago,
Cada olhar que não me alcança.

Fala delas, quase nuas,
Essas tais a que me refiro,
Dormem sozinhas com pijamas de criança.

o fim dos tempos
março de 2007

Essência: zero.
Conteúdo?
Nenhum.
Meus heróis morreram –
Ou cederam à primeira Coca-Cola.

João Gilberto gravou comercial de cerveja
E há uma série de violões quietos;
Destaca um, que saiu de cena,
 Somente para produzir uns poucos acordes.

Todo mundo se prostituiu.
Os valores defendidos, os mais nobres,
São os primeiros a terem preço:
Por poucos minutos de fama
Muitas moedas de cobre.

Pessoas discutindo o *Big Brother*,
TV Cultura em um ou outro endereço,
Música horrível no rádio,
Juventude em profunda decadência.

Enquanto isso,
A quilômetros daqui,
Uma velhinha de 93 anos está com a TV ligada,
Mas não entende nada.

manhã soturna
(ou o fim da velha bruxa)
janeiro de 2013

A VELHA BRUXA ACORDOU ainda mais cansada naquela manhã. Manhã que parecia mais soturna, desprovida de azul no céu. Inimiga de uma beleza que há muito tempo abandonara seu corpo cansado, carregado por suas vestes rotas e mofadas.

Na sala, as mesmas cortinas pesadas, úmidas. O limo no chão, a gordura nas maçanetas. O cheiro da carne cozida, os vasos que um dia tiveram plantas bonitas pela casa toda e que agora só tinham galhos secos.

As tossidas da bruxa revelavam o mal-estar de uma vida inteira de cigarros ordinários, de fumo de palha. Nos dentes destruídos, histórias de décadas de cafés de segunda e qualquer tipo de pão duro. As chinelas desgastadas mal conseguiam transportar o corpo, que denunciava o fim em si mesmo.

E foi assim, passo por passo, cada qual mais ralentado, que a velha seguiu de seu quintal à guarita da vila. Ali, ancorada na bengala feia, rogou suas últimas pragas, teceu as derradeiras maledicências, lamentou o passado dos vizinhos amigos, da gentileza dos acenos nas manhãs, da visita do homem estranho a todos, mas íntimo a ela, do filho que poucas vezes veio. Até mesmo lembrou-se de que tinha sido boa, que decerto fora bela um dia, que soube ser doce e gentil em meio às palavras de ordem gritadas aos moleques, suspensas por fofocas intercaladas com varridas no chão.

Uma última olhada nas plantas mortas. O adeus ao abacateiro, que se despedira dela há tempos. Ligar a TV para iluminar a casa, que mal soube, nesta vida toda, o que é uma cor. Ver as fotos do passado, dar mais um trago no cigarro, e se preparar, mais uma vez, para um novo ciclo do fim.

A bruxa se deitou um pouco mais cedo. Estava com sorte, pois, desta vez, morreu.

complicado fim de caso

dezembro de 2004

Era um triste dia quando ela se viu sozinha,
Quando se viu forçada a se desfazer de tudo o que tinha;
Quando fechou as portas atrás de si,
Era dela mesma que se despedia.

Deixou por terra tudo aquilo em que investiu,
Levou embora na memória o que viveu,
Percebeu que aquilo tudo nunca existiu.
Quem lembra dela como era, sequer se entristeceu.

Ainda incerta sobre o que, de fato, tinha vivido,
Foi-se embora para sempre, de novo levando consigo
O seu vício, o seu pior princípio:
Viver do risco de criar inimigos.

a alma esvaziada

março de 2007

A alma esvaziada quer fazer parte do piso do palco.
No teatro, só quer ser pisada, não mostrar algo;
Quer que o corpo que a carrega a una às tábuas
Para que fique ali, discreta, com a cena realizada.

A alma esvaziada quer passar despercebida,
Não se contenta com nada, não tem aquilo por que vibram,
Não nota a euforia das pessoas à sua volta e, egoísta,
Fica só com seus problemas, que mais vezes a castigam.

A alma esvaziada tem receio de falar de si mesma,
Tem preguiça de arranjar a solução para o que a derrota,
Tem vontade de fumar e de beber, de levar a vida a esmo,
Tão vazia como ela, que – tão triste – nem a nota.

A alma esvaziada só chora e reclama,
Faz disso um exercício que comanda à sua volta.
Quem disse que, esvaziada, ela ama?
Quem garante que um dia, apaixonada, se revolta?

A alma esvaziada,
Coitada,
Não quer nem escrever.

farsa

novembro de 2013

Eu, inúmeras e energúmenas vezes,
Brindei a esmo
Ao amor que não veio,
Ao que traria a paz que a alma não via.

E hoje nem eu mesmo a vejo...

Mas nos meus desejos,
Nos mais humanos versos de amor,
Eu encontro a rima para os meus medos,
E conforto para a minha dor.

Ainda que às custas de mentir para mim mesmo,
Mesmo sendo uma farsa, esse meu repentino calor.

sepulcrum

janeiro de 2018

Não se aflija!
Não é a fala bruta que atordoa,
Traz ojeriza
Não é a imagem nua, dura e crua,
De má pessoa
Que nos batiza.

É a maldade do homem,
Sexo como fome
O que mais intriga.

É o disfarce do vil
Na imagem torpe e febril
Do coito à deriva.

Não é o mal refletido no espelho
É o reverso, imoral e feio
Alheio ao que chama decente, normal, cristão
Da mão que, à estendida, nega o pão
E dispara em seguida sem freio

Na vida, doença e fim
Trazem real temor.
A Morte que tarde virá para mim

E que espera por ti, leitor.

apatia
maio de 2018

Um cigarro atrás do outro sob a jaqueira.

Enquanto isso, os jovens da sala, os outros, de unidades vizinhas, os demais que não entrevavam comigo, tocavam violão, flertavam, conforme os hormônios, e lidavam com seus próprios interesses, somados aos gostos comuns, contrastando com meu inacreditável desencanto.

Eu só tinha 16 anos e a adolescência já tinha passado da etapa do sofrer. Ela me anestesiara. Eu seguia absorto. Apático.

Ao meu lado, tinha um grande amigo. Ele estava sempre comigo, testemunha e companheiro da minha autodestruição.

Quem queria falar conosco, que viesse até nós dois. Tratávamos com essas cobaias, estudando suas tentativas de socialização e até mesmo rindo daquilo. Ainda que fôssemos talvez os mais patéticos, havia certa soberba que nos convencia de que éramos demais aos outros, bastando talvez para nós mesmos.

Se ele viesse com outro nome ou perfil, talvez não o notasse. Mas havia algo de especial no meu amigo, ainda que eu o sentisse imbuído de alguma missão para comigo. Por uma afinidade triste, a gente seguia e eu notava que ele consentia em ter-me ao lado para me salvar, ao passo que ele, a mim, intrigava. O que era aquela companhia? Quem era o meu parceiro de tragadas?

A gente se mantinha assim: amigos tristes. Cabulando aulas sem nenhuma razão. Descendo rumo ao pátio daquelas árvores que nos serviam de cinzeiro.

Vinha a garota de seios fartos, talvez uma potencial namorada. Falava e eu não a ouvia. No dia seguinte, ela voltava. Não a notava, eu só fumava e morria. Chegava o garoto chato, o que queria ser amigo. Nenhum dos dois fazia piada. Eu o maltratava, e ele ia embora sozinho. Já meu amigo, o acolhia.

Sem nenhuma motivação para estudo algum, elaborei estratégias mil para colar em todas as provas. O tempo dedicado aos estudos em casa era consumido com anotações minuciosas em papéis pequenos que eu colava no meu assento de estudante na manhã seguinte, quando chegava mais cedo à escola. Era só garantir minha cadeira e torcer para não ser mudado de lugar. Ao longo do exame, os professores me viam compenetrado, com o semblante cerrado e um olhar aprisionado no papel, ao passo que a outra mão, não a da caneta, se mantinha na testa, tal qual a de um grande pensador. Na verdade, ela ocultava meu olhar vidrado nas anotações com toda a matéria que só se revelava a meus olhos quando eu abria minhas pernas.

Assim eu seguia em algumas disciplinas, obtendo êxito ilegalmente. Em outras, penava em recuperações e era salvo pelo gongo na hora agá, com a mínima nota de um colégio muito pouco criterioso. Mas era o preço: eu era um adolescente infeliz e não queria nada, nem mesmo sangrar.

Ele não. Meu amigo era diferente.

Ainda que me acompanhasse no tabaco e nos nossos silêncios de melancolia juvenil, ele tinha uma inteligência que possibilitava fugir de uma sala de aula sem tanto prejuízo intelectual. Sua tristeza era *cool*, daquelas de cinema; um quase clichê por opção.

Ele não precisava esnobar a garota de seios fartos por entendê-la, como quem frustra o laconismo e a desilusão legítima do contexto e dos hormônios, aquela mesma desilusão que eu vivia com esmero e como vítima. Ele o fazia por já ter as suas meninas. Ainda que preferisse deixá-las de lado para acompanhar um amigo que sofria.

Nas minhas voltas para casa, as horas passavam vagarosas. Do almoço programado aos dois cigarros com o café na sequência, eu só queria dormir de tarde, de preferência em uma rede no quintal. A casa, quando vazia, me fazia bem – e nessas horas eu escolhia a cama da minha mãe. Minha tristeza então dava trégua e eu sonhava com uma felicidade que eu não tinha. E questionava a quem mais culpar, agora que entendia que o sofrimento já morava em mim.

Ele não. Ele lia, escrevia, estudava, socializava e vivia. Para, no dia seguinte, fumar comigo enquanto eu o invejava e ele por mim se compadecia.

Aos finais de semana íamos a festas e violentávamos nossos corpos com todos aqueles excessos que o tempo trata de nos privar. Quantas e tantas foram as vezes em que voltei para casa sem saber como havia chegado, tanto álcool consumido! E quantos cigarros mais eu acendia na tentativa de encontrar algum sentido para a minha vida. E ele, ainda que me acompanhasse em tudo, tinha o cuidado de não só me deixar seguro no meu teto, como saber de mim no dia seguinte – tal qual um cavalheiro que entrega sua acompanhante aos pais dela depois de um primeiro encontro.

E assim os anos foram passando. E meu amigo foi ficando de lado à medida que outros dilemas entraram em campo.

Dos estereótipos existenciais adolescentes, agravados com a realidade nua e crua dos fatos, seguiu-se alguma esperança no ato de estudar violão. E esse passou a ser um grande novo amigo, o que impede uma depressão maior e alguma escolha errada na vida – isso enquanto a vida fizer sentido. Com o instrumento, eu consegui entender o sentido que ela fazia.

Tudo ficou mais fácil, mesmo com novos agravamentos. E aqui eu poderia escrever páginas e mais páginas sobre o sofrimento dos dilemas acadêmicos: a frustração com os planos de ser violonista profissional; a dificuldade em me aceitar como artista, ao mesmo tempo em que flertava com esse mundo nos bastidores de teatros, tevês e de um circo, mas como produtor ou assessor de imprensa por longos 10 anos.

Um dia a juventude acabou e eu entendi que também havia sido feliz em algum momento.

Quanto ao meu amigo, não tem muito tempo, encontrei uma carta dele endereçada a mim, coisa daqueles anos de chumbo, naquele momento em que ele me conhecia tão profundamente que não seria ilusão poder prever o inevitável.

Rafa, você vai ser feliz. Vai dar tudo certo na sua vida. Um abraço do amigo que sempre vai estar ao seu lado: você.

saudosismo

julho de 2006

Meu Deus,
Eu vou sentir tanta saudade!
Quando vir passar diante dos meus olhos,
Esses mesmos sonhos,
Nessa mesma idade,
Misturados aos conflitos de hoje,
No fim da minha mocidade.

Com a juventude passada a limpo,
Falarei dela aos amigos,
Daqueles antigos contos,
Daquela velha passagem...
Eu, já velho, outro,
Cansado,
Quase morto de tanta bagagem.

Vou sentir tanta falta
Desse, que agora eu sou...
Uma saudade desmedida;
O saldo da minha vida,
Terá um tom de despedida.

Daqui a um tempo eu vou sentir saudade.
Mas hoje,
Como dói!

MÚSICA

nara está viva!
abril de 2008

SÃO QUASE 11H DA MANHÃ e só agora Nara Leão chega à entrevista. Ela está atrasada. Tudo estava marcado para as 9h. Rapidamente ela se desculpa, tira os óculos de sol e critica Eduardo Paes: *A culpa é do trânsito, do prefeito. Onde já se viu, agora o Rio tem um trânsito do cão!*

A senhora septuagenária que senta na poltrona hoje é bem diferente da moça que, em 1964, exibia os joelhos e cantava timidamente. Nara Leão assumiu os cabelos brancos, como a amiga Maria Bethânia, o que lhe dá um ar ainda mais sábio. A grande alegria da senhora Nara agora são os filhos de Francisco e Isabel. Há dias inteiros de passeios e brincadeiras com as crianças no Leblon ou no parque do apartamento que a musa ocupa hoje ao lado do parceiro de três décadas, Marco Antonio Bompet. *Os netos do Chico* (Buarque) *às vezes se juntam na farra*, conta ela.

Nara não vê Chico há alguns meses. Aliás, há algum tempo ela não vê Caetano, Bethânia ou a turma da Bossa Nova. *Quem não sai de casa mesmo é o Menescal e a Iara.* A cantora se refere ao parceiro de uma vida inteira, Roberto Menescal, e sua esposa. Amigos que a velha Nara ainda preserva em meio à nova vida de psicanalista e cantora nas horas vagas, como ela mesma se define.

O alvoroço em torno do show está uma brasa!, brinca ela, imitando Erasmo Carlos. Não é para menos. Até então reclusa em seu novo cotidiano, Nara abriu uma exceção no jejum de muitos anos sem gravar Bossa Nova. Por ocasião das mais de cinco décadas de comemoração da música que mudou o Rio de Janeiro e o Brasil, atendeu ao apelo direto de João Gilberto (*Sou uma das poucas que ele ainda deixa visitar em seu apartamento*, diz) para gravar um novo disco de canções do movimento que a imortalizou. *Novas Saudades em Tempo de Bossa* ainda nem foi lançado, mas já é um sucesso. A regravação de "Chega de Saudade" (*Homenagem à pioneira Elizeth Cardoso*, como ela destaca) não para de tocar nas rádios. Por conta desse sucesso, o tão sonhado show de Nara, voz e violão, foi marcado. E, em poucos dias, na frente do Copacabana Palace, nas areias da Avenida Atlântica (*Onde papai tinha um apartamento, onde começamos tudo*, lembra), Nara fará sua volta triunfal à música de Tom, Vinicius, Carlinhos Lyra e de tantos outros.

Hoje é mais fácil me apresentar, apesar de não ser constante. Naquele tempo, quando a turma era mocinha, havia mais ingenuidade, mais medo. Não sei por quê. Acho que agora que sei usar a internet e tenho telefone celular fiquei menos bicho do mato e mais solta. É a idade também, né? Nara não se ilude. Sabe que os tempos são outros e que ela também é reflexo de seu tempo e de sua longa carreira. Na verdade, ela está mais madura.

Não é para menos. A artista, que teve um tumor no cérebro, ficou em coma e viu a morte de perto, tem muito o que comemorar. *Ganhei uma nova chance*, filosofa. *O dia 7 de junho de 1989 foi um marco na minha vida.* E foi mesmo: depois de dias inconsciente, foi nessa data que Nara teve uma parada cardiorrespiratória grave. *Teve gente que mandou coroas de flores antes da hora*, brinca. Mas, milagre ou não, ela se safou. Milagre ou não? *Foi milagre, sim!*, defende a cantora. Vinte e cinco dias depois de muita vigília na UTI e de diversas operações delicadas, Nara saiu da clínica de Botafogo renascida. *O tumor nunca mais voltou*, conta, orgulhosa. *Mas eu nunca mais dei trela também e não largo a homeopatia por nada desse mundo!* Após contar isso, ela faz uma pausa e toma 15 gotinhas de um floral que descobriu recentemente e virou uma nova paixão; aliás, agora Nara adotou os florais também, viu?

De 1989 para cá, a carioca por opção, nascida em Vitória, no Espírito Santo, fez de tudo um pouco. Casar com o Bompet foi o primeiro passo. *Ele foi o companheiro que segurou a barra mais pesada*, lembra. A volta à Psicologia foi outra iniciativa. Ela só lamenta o fato de ter tido de prestar vestibular de novo (*Minha matrícula na PUC caducou*, conta, rindo). Hoje, Nara tem sociedade em uma clínica em Laranjeiras. Mas não atende. Gosta de ler, de escrever sobre o assunto e de fazer consultoria no espaço que fundou com a amiga de sempre, Helena Floresta, com quem gosta de trabalhar em sociedade. Para Nara, ela, sim, é *fogo na roupa*.

O lado artístico, de 1989 para cá, seguiu a mesma linha de sempre. *E eu lá sei fazer as coisas de modo diferente?*, pergunta, indignada. Nara parou um pouco e chegou – novamente – a anunciar o fim da carreira. Só voltou a gravar em 1992, quando lançou o excelente *Nara Canta Caetano*. Ela ressalta: *Estava devendo um disco desses para ele*. A crítica gostou. O mesmo não aconteceu com o CD de 1995, *Outras Canções*. Ela questiona: *Qual o problema em homenagear Agnaldo Timóteo e outros compositores populares?* Até hoje Nara não se conforma. *Quando lancei o disco só com músicas de Erasmo e Roberto, em 1978, foi o mesmo barulho. Mas, naquela época, as pessoas eram melhores, mais abertas. Em pouco tempo o disco pegou. Hoje a turma tem mais preconceito*. Bem, é o que a indignada Nara diz.

Foi preciso esperar até o ano 2000 para ouvir o excelente *Nara* (mais um disco só com seu nome), repleto de música pop. *Foi um prazer gravar músicas dos Engenheiros do Hawaii, Renato Russo, Rodrigo Amarante, Skank, Jota Quest e outros ídolos da moçada*. Nara destaca também a alegria de ter a participação dos Los Hermanos em seu álbum. *Me senti mocinha de novo*, gargalha. Fernanda Takai, do Pato Fu, gostou tanto de gravar uma faixa com Nara Leão que dedicou, ainda que oito anos mais tarde, um disco inteiro à cantora capixaba.

Nos últimos anos, Nara cuidou mais dos netos, da casa e do marido. *Coloca aí que eu li muito*, ela pede. Nara leu muito. Seus shows tornaram-se cada vez mais raros: *Os do Japão eu parei mesmo*, conta. *Eles só querem saber de Bossa Nova... Fora que não aguento mais comer peixe cru!* Na verdade, o que Nara não conta é que não pode mais arriscar a saúde em longos voos orientais. Os japoneses não se conformam.

Emocionada, Nara enfatiza o prazer que teve ao abraçar os novos projetos de sua carreira. *Foi gratificante parar um pouco com os discos para batalhar pela pesquisa com células-tronco*, lembra. A Fundação Nara Leão, criada pela cantora, defende até hoje projetos de lei ligados ao tema. *Fora o nosso empenho em estudar e ajudar a tratar casos de pessoas que, como eu, tiveram algum tipo de tumor*. Nara fala disso com mais alegria do que quando fala de música.

Sobre o Brasil e o Rio de hoje, ela tem pouco a dizer. *Tudo piorou muito, não é? Mas a política me aborrece demais*. Ela, que já fez campanha para o Brizola no passado, viu com ressalvas o governo Lula. *Mas seria pior se ele tivesse ganho em 1989, quando eu estava bem doente*, diz. *Eu via tanta estrelinha na época que até poderia ser uma militante petista!* Nara não perde o bom humor.

São quase 13 horas e Nara tem que ir embora. Ela explica: *A Isabel precisa de uma mãozinha. Ela está trabalhando e hoje a avó vai domar o filho fera!* Como Nara não dirige mais desde 1988, é o repórter aqui quem pede o táxi. A cantora é levada até o *hall* do prédio sem ter tomado toda a xícara de café que pediu. Antes de entrar no veículo, puxa os óculos escuros já postos até a ponta do nariz, dá uma piscadinha marota e pede, com cumplicidade: *Olha lá o que você vai escrever, hein?*

O carro leva Nara. O sol continua brilhando forte em meio ao doce azul do céu carioca, repleto da vida ganha que Nara Leão desfruta senhora.

contrato
julho de 2003

Temos por justo o combinado
O acordado entre as partes:
Você me nutre de artes,
Eu não o deixo de lado.

Convenhamos, unidos na vida que estamos,
Teremos a vida melhor pela frente,
Fazendo o melhor que podemos – e vamos!
Ganhamos vida melhor para a gente.

Justo e acordado, cada qual no seu papel,
A ambos prometemos de bom grado:
Nosso limite é só o céu.

O acordo está valendo – e é pela vida inteira;
Rescisão não existe nesse contrato,
Durma tranquilo em sua casa de madeira.

"menesca"
abril de 2018

Roberto Batalha Menescal. Nascido em Vitória, mas carioca de paixão e por excelência, após uma vida toda na Cidade Maravilhosa. Um dos pilares estruturais da Bossa Nova, da qual foi um dos criadores. Todo mundo sabe: ele era um dos jovens mais empolgados e atuantes nas reuniões musicais no famoso apartamento de Nara Leão, de quem era amigo pessoal desde que a convidou – e sem conhecê-la! – para sua festa de aniversário. Ele tinha 15 anos, ela 10. Ensaiaram um namorico que não deu em nada, ficaram amigos e passaram a compartilhar uma paixão pela música. E era na ampla residência de Nara, na Avenida Atlântica, que um novo capítulo da história da Música Popular Brasileira estava sendo escrito – e Menescal foi uma espécie de "redator principal". E ele não parou por aí.

De intérprete e compositor afiado da Bossa Nova ("O Barquinho" é apenas uma entre as muitas canções imortais de Menescal), o jovem músico cresceu e viajou o Brasil e o mundo tocando com a fina flor da MPB: esteve no famoso show no Carnegie Hall, em NY, que deu amplitude internacional à Bossa Nova e acabou por consolidar os nomes e carreiras de João Gilberto e Tom Jobim, entre outros. Menescal também realizou turnês com Maysa e Elis Regina, de quem salvou – literalmente – a pele: é célebre a história de que ele foi o responsável por impedir que Maysa acertasse uma garrafa de uísque na cara de Elis durante um jantar. As duas não se bicavam. O caso tem duas versões, e não se sabe ao certo qual é a correta. Na primeira, Maysa de fato preparou o ataque, mas Menescal passava por trás dela por acaso e reteve a "arma" antes de o golpe ser completado. Maysa fez o movimento, mas a garrafa não foi. Na segunda versão, a garrafa foi lançada e Menescal a interceptou no ar antes de atingir Elis, como um goleiro da fase de ouro da seleção. De todo modo, Elis Regina se safou. E graças ao Menescal!

Nos anos 1970, já famoso, Menescal aceitou um convite de André Midani – o célebre sírio que presidia a Phillips, que passou a ser a maior gravadora do Brasil – para ser diretor artístico. Não deu outra: nos 15 anos em que ali esteve, Menescal lapidou diamantes da MPB. Lançou artistas que estão ativos até hoje, consolidou discos imortais, lutou pela manutenção de carreira de um bando de colegas e, pasmem!, até mesmo fez de Xuxa uma cantora – o primeiro disco dela teve a mão de Menescal. E vendeu bem! A Philips ganhou muito dinheiro nos anos seguintes com a Rainha dos Baixinhos. Mais um ponto para o Menescal.

Por fim, com o agravamento da doença de Nara Leão, sua melhor amiga, Menescal decide largar a vida de executivo de gravadora e voltar a ser apenas músico –, tão somente para acompanhá-la e estar próximo. Nascem discos lindos, a dupla viaja o mundo, Nara falece e Roberto Menescal segue o caminho com ela iniciado. Passa a produzir álbuns, cria seu próprio selo ("Albatroz"), abriga artistas já órfãos das grandes gravadoras (que entram em curva descendente com os novos tempos) e segue em parcerias brilhantes e profícuas com outras grandes cantoras: Wanda Sá, Leny Andrade, Cris Delanno e Leila Pinheiro, entre outras. Em tempo: ainda marca mais um golaço ao idealizar e produzir a série de discos *Aquarela Brasileira*, de Emilio Santiago. Ele, por sua vez, vira um fenômeno de vendas e se consolida como a grande voz masculina de seu tempo e como um dos maiores cantores do Brasil.

Pois bem. E não é que em algum momento de 1997, Menescal resolveu fazer shows com a Wanda Sá no Café Piu Piu, em São Paulo? Eu li em algum lugar e fiquei com uma vontade: trazer o "Menesca" – quem quer ser íntimo, o chama assim – para o programa de TV que me empregava na Ases Produções e que era exibido de segunda a sexta pela Rede CNT, em São Paulo.

Só tinha um problema: na minha opinião, o programa era ruim. Ruim pra caramba! Era um programa de baixíssimo orçamento, exibido de segunda a sexta-feira, de audiência pífia. Apresentado por uma dupla empenhada, porém esquecida, de intérpretes televisivos: Rubens Rivelino e Marlene Silva, aquela que brilhava em *O Planeta dos Homens*, de Jô Soares, nos anos 1970.

Meu papel no *Viva o Show* (esse era o nome) era um misto de faz-tudo com a alcunha de um cargo: produtor musical. Às quintas, eu realmente executava o que era de minha atribuição, pois era o dia de levar atrações sonoras ao programa. Nos demais dias eu ajudava no que podia, como todos – e, quando falo de todos, me refiro a uma equipe muito jovem, com a maior parte de nós em seus primeiros empregos, mas atuando em algo que exigia um mínimo de capacitação. Talvez por esse motivo, também, o programa fosse tão ruim, ainda que servisse como uma grande escola para a gente (e eu sou grato a ele até hoje).

Quando tinha atração musical no programa, eu sempre sentava com a direção e oferecia os nomes previamente. Recebia um veto imediato se sugerisse alguém muito conceitual. Na época, em 1997, o que eles queriam era surfar na onda do momento. E ninguém fazia mais sucesso em São Paulo do que os pagodeiros. Logo, minha atribuição principal era garantir que o programa tivesse nomes como "Os Travessos" e "Muleke Travesso" na grade – eles eram a coqueluche do momento para um programa como aquele. Na falta deles, eu aceitava sugestões de assessores de imprensa de cantores e cantoras de nível musical duvidoso e, não raro, o programa ofertava um verdadeiro show de horrores às quintas. E aquilo me fazia muito mal, até pela minha história com música.

Quando soube da apresentação de Menescal e Wanda Sá em SP, entendi: chegara a hora de me redimir comigo. Eu iria conseguir levar o Menescal ao *Viva o Show*. Ele elevaria o nível do programa. E, à sua maneira, me perdoaria por o colocar numa roubada daquelas.

Comecei uma tensa negociação. Primeiro, com a direção do programa. Quando sugeri seu nome, a incredulidade foi total. Quem? "Aqui ninguém conhece esse cara", ouvi. "Mas é o Menescal", retorqui. "MAS QUEM É MENESCAL???" Tomei um não de cara. E me pediram para seguir com os pagodeiros populares.

Resolvi fazer a estratégia inversa. Falar primeiro com a assessoria do Menescal e garantir a vinda dele. Uma vez acertado tudo, meus chefes veriam que tínhamos meio caminho andado e que não custaria nada dar o aval. Até porque, conseguir uma atração para um programa daqueles não era tarefa das mais fáceis.

Após alguma pesquisa por telefone (lembrem: na época, início da era virtual, tínhamos apenas o *e-mail*, que funcionava mal e de modo limitado), consegui um número do Rio de Janeiro. Era da empresária do Menescal, Solange Kafuri. Liguei para ela, me apresentei como um fã e joguei pesado. O programa queria fazer uma homenagem ao "Menesca". Simples assim. Com o ok dela, eu me viraria. Homenagem, vejam só... Sendo que a direção vetara o cara. A Solange foi atenciosa e gentil, dado o contexto, mas também foi profissional: e o Ibope, como é? Passa onde? Ele mora no Rio. Vocês garantem a passagem e a hospedagem dele? Fale mais do programa. Essas coisas.

Nem preciso contar que isso me quebrou. O *Viva o Show* era um projeto que dava traço de audiência, quase como um programa de bairro. A pompa e a imodéstia da chefia e apresentadores mascaravam isso, e eles queriam os grandes nomes, porque se iludiam no pensamento de que também eram grandes. Mas nada no programa era imponente. Sequer tínhamos verba para trazer gente do Rio a SP ou hospedar em algum lugar bacana. Isso acontecia raramente – e só quando a atração valia muito a pena para a diretoria.

Um adendo: lembro que eu trouxe a cantora Joanna para um programa de sábado, da mesma produtora, um programa em que fui trabalhar pouco tempo depois. E foi uma das únicas ocasiões em que um artista teve alguma regalia, uma vez que o apresentador, o Evê Sobral, era maluco por ela! Só que eu a busquei de táxi no aeroporto, o único transporte que estava autorizado a usar. Porém, tive de lidar com a insatisfação de sua empresária: "A Joanna não anda de táxi, se vira!" A meu pedido, o motorista tirou o cubo luminoso de cima do veículo com a palavra que desagradava a agente, e a Joanna e sua representante trafegaram num confortável carro branco, rumo a um hotel acima da nossa média de produção. Foi isso.

Mas voltando ao Menescal: foi com muita vergonha que fiz um segundo contato com a empresária dele e disse a verdade. Não tínhamos verba para nada. Eu o pegaria em algum lugar de SP e o levaria de volta para algum lugar da mesma cidade – e de táxi. Mas sem avião, sem hotel, nada disso. E, sabendo dos shows do Menesca com a Wanda Sá em São Paulo, no Café Piu Piu, será que não poderíamos unir o útil ao agradável? Ou seja, dei minha cartada.

Ela pediu um tempo para avaliar. Na paralela, continuei tentando o sim da minha direção. Não esqueçamos: eu estava tentando de tudo para levar o Menescal ao programa, mesmo com a recusa dos meus chefes! Diante de algum sinal positivo do artista e sua equipe, eu daria um jeito com quem mandava ali.

Aqui começa a parte bonita da história.

Um dia, a Solange Kafuri me dá seu *feedback* positivo. "O Roberto Menescal vai ao seu programa, no dia seguinte do último show no Café Piu Piu com a Wanda Sá. E, ok, nas suas condições limitadas de produção. Mas só porque você é fã, se empenhou e fará uma homenagem a ele, certo? Mas tem uma coisa. Ele está com o horário apertado, pode fazer o programa, mas não pode atrasar pois tem voo para o Rio em seguida, e a Wanda Sá precisa ir na entrevista também. Positivo?"

Naquela altura do campeonato, eu estava topando qualquer negócio. Botei na cabeça que precisava do Roberto Menescal como atração do *Viva o Show*. Para ter certeza de que, ao menos, eu levei uma pessoa legal ali. Por tudo que ele significava para a MPB e para mim. Porque ele havia sido o melhor amigo e o companheiro da minha maior "ídola", a Nara Leão. Então, se as condições eram aquelas, eu as cumpriria.

Corri para falar com a minha direção. Foi humilhante, confesso. Eles me deram a liberdade para trazê-lo sob minha total responsabilidade. Ouvi coisas como "se o Ibope for ruim, a culpa é sua". Ora, como se em algum dia o Ibope tivesse sido bom! Perguntei da homenagem, se ao menos poderíamos fazer um bloco especial para a dupla. Ninguém deu muita bola, mas, diante da minha insistência, eles aceitaram dar a ambos um espaço um tiquinho maior. "E você que se vire com o tal tributo", ouvi. Ok, era o que eu tinha. Mas, para mim, ainda era pouco. Menescal com Wanda Sá? Seria a melhor atração de toda a história daquele pobre programa.

Acertei a data da dupla. E, que beleza, recebi um gentil convite para assistir ao show deles na noite anterior, no Café Piu Piu.

Fui sozinho. Sentei-me em uma mesa privilegiada e curti a apresentação com uma satisfação pessoal ainda maior: eu levaria aquele cara no dia seguinte a um programa de televisão, cujo quadro em que participaria com sua cantora teria a minha produção. Graças ao meu empenho, aquilo seria real. O público curtia o espetáculo sem imaginar que só eu teria um momento exclusivo com os artistas no dia seguinte. Realmente, eu não cabia em mim de felicidade!

Após o espetáculo, um produtor do Menescal me apresentou a ele. Eu estava embasbacado de emoção. O músico, o compositor, o arranjador, o empreendedor, o amigo de Nara, tudo isso diante de mim! Menescal foi gentil e atencioso como sempre é, sendo essa uma de suas maiores qualidades. Mas ele estava cansado e um pouco disperso: um jovem de 22 anos, cujo nome não lembro e nem sei que fim teve, havia dado uma canja na guitarra antes do show principal deles. O Menesca estava radiante: "Você viu como aquele cara toca? E é tão jovem!" Deixei o papo para o dia seguinte e fui para casa.

O dia da participação do Menescal no programa começou cedo. Às oito horas da manhã eu estava no finado Hotel Danúbio, no centro da cidade, para buscar o Menescal e a Wanda Sá, conforme o combinado. A produção do meu programa disse que era para eles pegarem um táxi por conta própria e eu os ressarciria nos estúdios, mas eu não seria louco de cometer uma indelicadeza dessas com os meus convidados mais queridos.

Qual não foi a minha surpresa quando o produtor do Roberto Menescal me diz: "Eles estão um pouco atrasados, não quer tomar o café da manhã com os dois?" Eu fui, mega sem graça, mas também ciente de que aquela não era uma oportunidade a se desperdiçar. No café, foi uma delícia ver a dupla com sono e se atrapalhando nas coisas comuns que também fazemos, como escolher as frutas erradas ou adoçar demais o cafezinho. Também foi bonito, porque, por mais que eu me mantivesse calado e observador, o Menescal teve a delicadeza de querer saber mais de mim e da minha vida. Contei um pouco apenas. Eu era triste demais para me abrir; frustrado em demasia com a minha carreira de artista, que não decolava. E melancólico por uma vida que eu não tinha, que ele, Nara e outros jovens dos anos 1950 pareciam ter vivido em vez de mim – na minha própria avaliação, eu havia chegado ao mundo na época errada. Lembro de comentar isso de alguma maneira com ele.

Chegamos aos estúdios do programa e, se não me falha a memória, a Doutora Havanir, política do PRONA – aquela que gritava na TV e enlouquecia para conseguir falar em apenas 15 segundos –, também estava ali esperando para ser entrevistada, num bloco antes. Eu sentei com a dupla por alguns minutos e mostrei a capa de uma fita de videocassete; uma fita que me foi dada de presente por um amigo em uma época pré-Youtube. A foto da capa era uma montagem com muitos rostos da MPB e me gabei de ter aquele material: era um compilado de cenas lindas de Bethânia, Gonzaguinha, Ângela Rô-Rô, Nara e Menescal, claro. (Lembro que a Wanda Sá pegou a fita na mão e perguntou porque ela não estava na montagem da capa, também.) Parte daquelas imagens, as com ele, seriam mostradas no "Em Revista" e isso, basicamente, consistiria na tal homenagem que faríamos ao Menescal. Iniciativa minha negociada a dedo com a direção e o editor. Tive de sentar com ele e mostrar em cada vídeo quem era quem e onde ele soltaria as cenas do Roberto Menescal, uma vez que o sujeito também não fazia ideia de quem ele era.

A entrevista transcorreu com alguns percalços. No dia, só o apresentador estava comandando o programa e eu fiquei constrangido de vê-lo recorrer tanto às fichas, na frente dos convidados, para tentar contar o óbvio de suas histórias. E eu havia sentado com ele antes e tentado contextualizar ao máximo. Quando o Rubens pediu algumas imagens, entraram cenas erradas ao menos uma vez, misteriosamente em preto e branco. Tive pequenas síncopes nervosas diretamente do cantinho do estúdio, de onde eu assistia a tudo. Mais: a praticidade do pessoal de dentro do estúdio, com seus "Silêncio!", "Senta ali", "Vai mostrar qual CD? Cadê, dá aqui!", me dava calafrios. Onde já se viu essa falta de reverência e cuidado com uma enciclopédia viva da MPB e sua parceira?

Ainda assim, a coisa até que foi dando certo. Juntos, Menescal e Wanda Sá fizeram "O Barquinho" e "Você", com o Menescal na guitarra. Cantei junto, baixinho, feliz de finalmente ter música boa no programa.

A Wanda Sá já havia dito que precisava sair um pouco mais cedo e eu achei até melhor. A entrevista transcorreria com um foco maior no Menescal depois disso e talvez ele mesmo se sentisse mais à vontade. Veio o intervalo, ela foi embora com o produtor, botei os dois num táxi e voltei correndo para o estúdio, a fim de conferir o final do papo com o Menesca no bloco seguinte, seguido de um número final – a instrumental "Balansamba", uma de suas canções de que mais gosto até hoje. Tudo parecia se encaminhar para um belo final de programa. Só que não.

Olha que sacanagem que fizeram. E eu JURO que cada palavra que você lerá aqui é a mais completa verdade.

O bloco final começou e, estranhamente, depois de um papo mais breve que o normal, o apresentador já pediu a música final. "Ué", pensei... "Mas, já?" O Menescal tocou e cantou (muito bem, por sinal) e, olha só que coisa, o programa seguiu desse jeito, abaixo.

Apresentador Rubens Rivelino: – Bom, agora que o Menescal já cantou, vamos começar o Jogo de Dardos, com o Roberto Menescal!

Eu, encolhido num canto do estúdio: – Oi?!

Roberto Menescal: – Tá bom, vamos lá.

Apresentador Rubens Rivelino: – Funciona assim. Uma modelo vai entrar aqui. Ela está bem vestida e comportada. O Roberto Menescal vai jogar dardos no tabuleiro que vocês estão vendo aqui atrás. A cada dardo que atingir o mais próximo possível do alvo, a moça vai tirar uma peça de roupa. Preparado, Menescal?

Roberto Menescal: – Tá bom, vamos lá.

Eu, falecendo: – Oi?!

E, juro por Deus, que foi isso mesmo. Sem que eu soubesse de nada, o resto da produção bolou esse "quadro". Não me contaram, porque tinham certeza de que eu causaria problemas, tentaria vetar, essas coisas. Produziram sem me contar nada, às escondidas. Eu estava focado demais nos meus convidados para perceber algo, e só tomei conhecimento da coisa com o Menescal já na fogueira.

No entanto, tendo em vista que o Menescal é um sujeito boa-praça e de ótimo coração, meu bom convidado não achou nada ruim – ou, ao menos, não demonstrou. Ele jogou os dardos (e jogou bem demais, até!). Não porque sua precisão de pontaria tinha o intuito de despir a mulher. Sua disposição foi porque pediram a ele, e o programa estava ao vivo, e o Menescal parece ser um cara que joga junto quando topa um desafio. Conclusão: a moça terminou de biquíni.

No camarim, com o Menescal já se arrumando para ir embora, eu não sabia onde me enfiar. Mas ele deve ter percebido meu constrangimento e relativizou tudo, dizendo que estava tudo bem e que havia se divertido. Mais ainda: o que deveria ser um papo breve de despedida virou uma conversa de pelo menos 30 minutos. O Menesca sentou comigo e me contou uma verdade, a verdade que eu precisava ouvir e que ninguém de fato havia me dito: as coisas dariam certo. Porque há um tempo de tudo acontecer, e eu era jovem demais para me cobrar tanto e esperar uma resposta tão breve da vida.

Eu ainda comentei da minha frustração de ter 21 anos e de não ter um movimento musical acontecendo na minha época. De não ter chegado a lugar algum. De ter passado dos 20 anos e ver que eu não era nada e não tinha perspectivas de ser alguma coisa. Foi como um papo de um filho que se abre, finalmente, senão para o pai, ao menos para um amigo da família.

O Menesca me fez ver as coisas por um lado que nunca havia passado pela minha mente: e quem disse que as coisas para ele, Nara, e os demais de sua época haviam sido fáceis? Eram anos de preconceitos grandes com músicos. "Ver um garoto tão jovem como o do show de ontem tocando guitarra tão bem antes de mim é algo incrível. Olha o que a sua geração está fazendo! Você acha que a gente conseguia isso naquela época tão facilmente?"

Mais: falando especificamente de mim, ele elogiou minha sensibilidade e se disse admirado de minha produtividade. Acho que ele conseguiu ler nos meus olhos a minha grande aflição existencial e me confortou sem demagogias, mas com a premissa única e assertiva: "Calma, que vai dar tudo certo." E ele tinha razão.

Na hora de ir embora, ele autografou o CD que levei (*Garota de Ipanema*, da Nara, com foto dela com ele na contracapa) e dispensou o táxi que tentei pedir para ele. Eu o vi indo embora pela Avenida Paulista, empunhando sozinho sua guitarra.

Roberto Menescal não percebeu que aquele mundo de gente que passava por ele na rua se diluiu na imensidão de sua generosidade. E que, atrás de si, ficou um jovem grato e emocionado em constatar que só agora passaria a ser um homem.

recital de violão

novembro de 2004

Que bonito aquele som,
Em tão bem-vinda euforia.
De melodia singela,
Nostálgica e bela,
Como pouco há na vida.
Pulsava, traste por traste,
Dizendo o que não se fez palavra,
O que não foi verbalizado,
Cantou-se como sagrado.
Entre águas.

Quietude preciosa daquele momento.
Calaram-se vozes internas
(A energia que reverbera,
À medida que a todos cala,
Faz mais lindas as formas na sala,
Convencidas de serem etéreas).

Sabendo ser belo aquilo –
Na vida, nada mais é preciso –
Cada qual ficou ali a senti-lo.
Em cada rosto, com gosto,
Brotou um sorriso.
Ao final de uma nota emocionada,
Cada um foi pra sua casa.
Guardei o instrumento na caixa,
Fim do recital de violão.

allez, allez!
julho de 2006

Erguem-se as taças, desperdício de boa música;
Brinde ao ridículo da cena!
O salão cheio, a mesa nobre, como se valesse a pena;
Comida cara e alma pobre, que bem serve a quem usa.

Alheios ao que não lhes pertence, nesse mundo egoísta,
Gente indiferente, que não liga se alguém tem algo belo.
Ignorantes ao extremo – diria quase um exagero –
Com quem se doa com tal zelo ao seu ofício violonista.

Pela noite o artista segue: dá-se em Bach e Villa-Lobos.
Com mil acordes, muitos outros, quase nunca apreciados,
Ao mesmo tempo, ali por todos são servidos e degustados
Os vinhos raros, pratos caros, divididos entre poucos.

Se a música não estivesse ali, alguém perceberia?
O tocador, entre eles, mais parece um adereço,
Um idiota a cada nota, nesse mesmo endereço.
Quem se importa, enquanto arrota, se brota bela a melodia?

Fica feio, pobre, brega, coisa triste e tão cafona
Ver a gente rica e bela, mas em nada inteligente,
Repartir ideias velhas, ao pensar que lhes pertence.
O melhor vir justo delas, com o contrário vindo à tona.

Mas o jovem violonista, aquele alheio ao que não é profundo,
Sabe bem que ele sozinho não pertence a nada disso;
No seu meio lá de baixo, como pensam os ditos ricos,
Vive só com mil sorrisos, nas canções do seu bom mundo.

TEATRO

philipe levy

julho de 2008

DOMINGO ÚLTIMO eu reencontrei amigos que atuaram comigo em uma peça que fiz no ano de 2003: *Francisco e Clara, o Musical*. Algumas pessoas já me perguntaram por que não comentei muito a respeito dessa peça na minha vida. Mas o que dizer?

Ela era o produto do tesão de muito mais gente do que eu só. Não consegui me relacionar com tudo o suficiente; não a ponto de criar uma identidade grande com ela, ou a ponto de valer um relato completo sobre o que vivi ali. É isso.

Tem mais: não falo muito para preservar alguns dos grandes amigos que fiz, uma vez que – é fato, eu sempre assumi – não gostava da encenação como um todo. Achava o texto fraco, a direção incompleta, vazia, e as atuações (a minha, inclusive) sofríveis. Mas de nada adianta ficar falando mal artisticamente do trabalho, uma vez que ele cumpriu muito bem tudo a que se propôs realizar: agregou pessoas, comoveu muito a "Melhor Idade" e fez nascer amizades imensas, daquelas que a gente não esquece.

Pois bem, parte desses bons amigos se reuniu para um jantar gostoso no domingo. Aí me contaram o seguinte: o Philipe Levy morreu.

Coitado do Philipe. Ele era um ator das antigas, daqueles que começaram a carreira quando eu nem imaginava vir ao mundo. Muitos nem devem saber quem ele era, mas, basta mostrar uma foto dele, e alguns certamente dirão: "Ah, tá! Eu conheço!" Seja dos Trapalhões, nas décadas de 1970 e 80, onde ele era um coadjuvante; seja da série televisiva Bronco, que ele fez ao lado do Golias e da Nair Belo. Tudo entre 1971 e 1999, que são os anos mapeados pela *Wikipédia*, onde, aliás, ele aparece com o nome de Felipe Levy no título e Philipe Levy no texto – e demorou muito para constar lá que ele já faleceu.

Em resumo, o Philipe fez coisa pra caramba em TV, teatro e cinema. E eu, que atuei com ele, posso dizer: ele se amarrava nisso! Conheci o Philipe em 1997. Eu era estagiário de uma produtora de TV e ele trabalhava lá, já bem cansado, idoso e um pouco esquecido. Um pouco não, bem esquecido. E, justiça seja feita, quem lhe dava trabalho e ainda resgatava sua dignidade, era o diretor e ator Evê Sobral.

O Philipe tinha um quadro de piadas dentro de um programa do Evê que ia ao ar pela Rede Mulher e pela TV Gazeta. Era engraçado. Ele contava as piadas e as terminava com uma cara séria e meio incrédula. Eu e outros estagiários da produtora tínhamos que ficar no estúdio rindo de tudo, para reforçar o coro de risadas que iria ao ar. Nada mal o trabalho. Mas o Philipe terminava de gravar e ia embora ainda mais sisudo, ainda mais introspectivo. Parecia um ser mal-humorado demais, mas era um cara amável, quando conhecido de perto. Ele só tinha tomado porradas demais na carreira.

Um sujeito como ele, que viu as coisas no apogeu, que viveu o cinema de pornochanchadas da década de 1970, foi um quinto ou sexto Trapalhão, conviveu com os grandes do cinema no passado, etc. etc. Era natural vê-lo sempre um pouco frio, amuado e rancoroso com a realidade de seu esquecimento. Ele sempre foi uma prova viva de que tudo na carreira de um ator passa – e pode passar rápido –, que todo glamour vivido na base do reconhecimento do público pode esvair-se em questão de poucos meses ou anos. Basta que a poeira da mídia baixe e o ciclo do artista entre em outro movimento.

O Philipe fumava muito. Isso o envelheceu demais. Mas ele não parecia ter muitos prazeres além desse e de encenar. Era colocá-lo para gravar ou subir num palco e a coisa mudava de figura.

Lembro-me de quando atuamos juntos no *Francisco e Clara*, em 2003. O Philipe já tinha envelhecido ainda mais e precisava de bengala para andar. Tinha os gestos trêmulos, os passos lentos, um cansaço existencial. Mas, na cena em que contracenava com o Joilton Costa – ator de 23 anos de idade –, era ele quem parecia moleque. Corria, se equilibrava, fazia caras e bocas e arrancava risos de todo mundo, até mesmo dos mais críticos e chatos, como eu.

Era impressionante a vitalidade dele em cena. Recordo agora quando assisti à peça *O Avarento*, a última do Paulo Autran, com o Paulo já bem velhinho, e lembrei do Philipe. Que danado, o teatro! Como ele pode fazer com que as pessoas rejuvenesçam tanto quando sobem em seus metros de tablado? De onde vem essa energia que transforma corpos cansados em acrobatas, quando há uma plateia?

O Philipe adorava improvisar. Era um barato. Mas, da mesma forma, era arriscado para ele. Em pouco tempo, sua capacidade de criar "cacos" e de propor novas situações começou a ofuscar alguns egos em cena e a criar inseguranças no elenco: O que esse cara seria capaz de fazer? Poderia comprometer o texto e o andamento da peça!

Um dia ele fez uma coisa maluca, sem prévio aviso, em plena cena que fazia com o Joilton: trocou de personagem com ele. Pegou o microfone do cara e cantou sua música. O Jô, que sempre foi bom ator e era espirituoso, entrou na brincadeira. A plateia veio abaixo – e o elenco também. A gente correu das coxias para o canto do palco e ficou assistindo e rindo. Que genial o Philipe!

Só que a brincadeira custou caro para ele. Teatro é coisa séria e tem regras: foi nessa que o Philipe dançou. Ele já vinha se indispondo com a direção e acabou demitido. E a gente, do elenco, ainda tomou uma carcada geral do diretor no *day after* da brincadeira. Uma forma de evitar novas criatividades "mal-vindas" ao longo da encenação.

Um dia o Philipe foi sozinho ver a gente. Ele já não estava no elenco, sequer havia sido convidado a assistir lá no dia. Pagou pelo ingresso, sentou na primeira fileira e gerou uma sensação muito tensa em todos nós. "Ele está no teatro, triste, o que faríamos?" E o cara que o substituía, então? Que barra para ele!

Fomos orientados pela direção a agir naturalmente e a dar até uma ignorada no velho ator, uma vez que tudo parecia ser uma forma de chantagem emocional dele para com os patrões. Mas foi bonito, porque nós todos – elenco e músicos do espetáculo – combinamos, escondidos, de fazer tudo para ele naquela noite, ainda que não pudéssemos explicitar nenhuma forma de homenagem. Foi lindo, porque cada fala de cada personagem – exceto a de um ou outro – procurou por ele na fileira, de onde ele assistia a tudo com lágrimas nos olhos. Em uma ou duas vezes, principalmente na cena que era do seu solo, ele chorou de verdade.

Depois disso, eu também saí da peça e nunca mais soube do Philipe. Exceto o que sempre vinha à tona: o Philipe está desempregado, sem grana e agora está com problemas ligados ao filho. Nem cabe comentar aqui. É fofoca – e a fofoca sempre é menor do que a grandiosidade de qualquer artista.

Aliás, tudo era menor quando o Philipe atuava. O que ele queria, como qualquer um de nós, era o devido respeito e reconhecimento pelo trabalho que amava fazer.

Quem diria, o Philipe Levy! Era um grande sujeito. E tinha tudo para ser encarado só como um fanfarrão; como o cara que ficava atrás de mim na parte mais triste e silenciosa da peça, na qual todos atores estavam em cena e era preciso mostrar uma tristeza fora do comum com uma briga de pai e filho que acontecia na nossa frente. E eu parecia sempre o mais afetado com a situação, já que vivia chorando compulsivamente. O que ninguém sabe é que eu estava tendo crises homéricas de riso, já que o filho da mãe do Philipe ficava gemendo e cochichando coisas só para me fazer rolar de rir. Logo, eu disfarçava as gargalhadas histriônicas com falsas crises de choro... (rs)

Pobre Philipe Levy. Um beijo grande para você e mil palcos mais na imensidão do seu céu de ator!

alienação
julho de 2003

Até eu admiro
Como posso circular entre áreas,
Em meio a algumas pessoas a que me refiro,
Imersas em suas vidas ordinárias.

Seus interesses me afastam,
Suas ações me incomodam;
Algo que me toca ou me mata,
Contrastes aos poemas que me brotam.

Nas horas em que me sinto sujo,
Escritas e viagens não me socorrem;
Envolvo-me em algo feio, ruim e intruso
E noto que paixões em mim morrem.

Eis que esqueço o ambiente em que me encontro,
Embarco em uma fantasia só comigo,
Alheio ao que discutem nesse ponto,
Enfim, os deixo ao pó, executivos.

amizade desfeita

março de 2007

Que triste,
Ver a amizade destruída
No olhar seco de quem não quer ver,
Na presença indesejada,
Nas coisas que não mais se concretizam,
Nos desejos que não cruzam em mais nada.

É duro o cumprimento seco,
Lacônico e forçado;
A clara sensação de não ser bem-vindo,
De não ser querido.

Como pesa ter de ir a esse encontro,
Qual réu que se entrega ao carrasco –
E ainda o ajuda a pôr a corda no ponto.

Mas a pior hora,
A que traz, sem dúvida, o maior embaraço,
É quando as luzes se acendem,
Com a plateia lotando o teatro.
E é preciso que esses conflitos
Caminhem para fora do palco.

Mas não vão!

E ficam os dois ex-amigos,
Interpretando o que não são.

a vítima do sistema
agosto de 2007

Na divisão dos mundos,
Entre os que deviam vir à Terra como os vencedores
E entre os representantes do leque dos excluídos,
Na segunda opção ele se viu.

E veio como pôde, trôpego e cansado,
Homem de poucos amigos,
Com ideias vagas calçadas em ódio.
No decorrer de um destino já traçado.

Ele está se preparando,
Como o De Niro, em *Cabo do Medo*,
Tomando banho frio em pleno inverno,
Investindo em provações de fome e risco,
Optando por uma vida sem afagos,
Nomeando cada um de nós
Com seu recorrente veredicto:
"Culpados!"

Tem seu cajado apontado para cada rosto
E a língua afiada,
Com infindável discurso venenoso,
Suas muitas verborragias,

Seu tom invejoso,
Fazem crer que cada prato de comida,
Que cada palavra amiga,
Seja um gesto nada amistoso.

Vítima do mundo,
O mártir,
A quem o povo todo pedirá desculpas,
Aquele, que após 75 anos de miséria,
De um viver de ator-mendigo,
Levará o próprio Deus
A pensar consigo:
"Por que fiz um outro Cristo tão novo?"

Defensor das putas
E dos segregados,
Vai olhar para o resto do mundo,
Para a cara dos carrascos,
Num misto de nojo e asco.
De modo cruel e preciso
E dará o seu mesmo veredicto:
"Culpados!"

ANOS DE OURO

cqc: como que consegui
maio de 2018

O contexto

ACONTECEU EM MAIO OU JUNHO DE 2007, não lembro exatamente. Eu fazia algumas coisas – e até que não eram poucas.

Como jornalista, minha profissão depois da faculdade na PUC/SP, eu "freelava" na Editora Abril. Estava desde 2003 na redação da Abril Digital, então editoria, para conteúdo de celular das publicações da casa. Revisava material de uma equipe que eu mesmo coordenava. Eram *quizzes*, aquelas perguntas com uma alternativa certa e duas erradas. Para a revista *Veja*, eram 500 de atualidades; para a *Contigo!*, mais 500 de famosos (ganhei um Prêmio Abril em 2006, com a turma, por conta desse conteúdo), para a *Placar*, 500 de futebol... E aí entrava o produto cuja redação mensal era minha e que eu autorrevisava: 500 sentenças de sexo para as revistas *Men's Health*, *Vip* e *Playboy*, as publicações masculinas da casa. Isso eu amava fazer.

Eu tinha autonomia para criar o próprio conteúdo da minha cabeça, quando o tema sexual se esgotava nas revistas. Saíam coisas engraçadas como: "Quem tem glande? A) Mulher B) Homem C) Texugo". Eu me divertia fazendo aquilo. Escrevia também "Dicas de Sexo" em três sentenças diárias. Coisas como "Quer apimentar a noite com a gata? Preliminares nela!", e dicas de como cuidar da casa e do marido – eu, JURO! – para a revista *Ana Maria*, no celular, numa época em que a publicação via sua leitora só como dona de casa e esposa, o que era um tanto cruel.

Tudo que eu fazia era enviado via SMS para os assinantes da Abril Digital. Os números eram modestos, mas nossa redação representava o que parecia o futuro da comunicação e nos sentíamos visionários.

Voltando ao que eu fazia em maio ou junho de 2007: tinha também o teatro.

Como ator, eu ia forte no segmento infantil. Tinha papéis em dois espetáculos de uma companhia intitulada "4 na Trilha". Com o grupo, eu encenava (no papel de jumento) *Os Saltimbancos*, aquele clássico do Chico Buarque de Hollanda, adaptado de um texto italiano, e *O Mágico de Oz* – ele mesmo, o que conta a história da Doroty e sua relação com um leão, um espantalho e o Homem de Lata. Eu era A Bruxa Malvada do Oeste e o Mágico. Um terror!

Como músico, havia acabado de encerrar uma parceria com um estabelecimento da Vila Madalena, o bairro em que eu morava. O Allez, Allez! era um restaurante francês contemporâneo delicioso. O *chef* (um dos sócios) me deixava tocar violão clássico lá às terças e quartas. Eu ganhava 3 reais de *couvert* artístico por pessoa, mas só pagava quem queria. Como a casa comportava pouca gente e meus dias não eram dos mais movimentados, a grana era pouca. Mas eu amava poder escolher com o *sommelier* uma taça de algum vinho tinto do menu ao fim da jornada: degustava minha recompensa circulando entre as mesas para ouvir elogios dos clientes, enquanto fumava um cigarro.

E havia os outros *jobs*!

Eu integrava um duo de contadores de histórias, o Contasons. Na maior parte do tempo eu era mais músico acompanhante da Alejandra Pinel, fundadora da marca. Porém, vez ou outra, eu me aventurava como contador solo, algo em que não era bom. Teve uma vez em que fui "domesticar" umas 25 crianças em uma livraria *cult*, porque a Alejandra não podia ir. Minha missão era contar uma história do Ursinho Pooh, mas meu público ficou realmente furioso quando eu me confundi e disse que o melhor amigo do protagonista era um leão, não um tigre. Tomei algumas bicudas na canela.

Em algum momento do primeiro trimestre daquele ano, uma jornalista me chamou para gravar um audiolivro. A Sandra Silverio, dona da Editora Livro Falante me viu no teatro e gostou da minha voz. Convidou-me para ler *O Alienista*, obra do Machado de Assis. Foi o máximo – e ainda pagou um cachê!

Eu também havia iniciado uma série de investidas como realizador cultural.

Desde 2005, debruçava-me sobre editais e inscrevia meus próprios projetos, todos ligados ao violão. Trabalhava com afinco em um que intitulei como "Do Cinema para o Violão". Nele, eu propunha à Secretaria de Estado da Cultura de São Paulo uma série de recitais em espaços diversos da cidade – e sempre com violonistas legais tocando arranjos próprios para violão de peças clássicas de filmes badalados. Além de idealizador, eu era o curador e um dos músicos. Eu gostava de fazer esses arranjos, e eles sempre estavam presentes nos programas dos raros recitais de violão que eu dava – outro dos meus "frilas".

Tinha também a minha participação em dois grupos de atores/*performers* que lidavam exclusivamente com o mercado corporativo: o Ateliê Teatro, dos atores Marcelo Cunha e Romina Braga, e a Patrulha Canguru, que ficava no ABC, longe da minha casa.

Com o casal de atores, os trabalhos eram um pouco menos frequentes, mas mais seletos. As empresas que os contratavam eram multinacionais e a dupla me chamava para alguns esquetes, sempre bem produzidos, porém com um tanto de ensaios em demasia. A grana não era boa e eles também não deviam receber muito. Já a Patrulha Canguru, essa pagava um pouco melhor, mas era parceira de algo que me constrangia um bocado: chamava MICO. Haha! Até música do *Rei Leão*, "Hakuna Matata" eu já havia dançado com eles em convenção de rede de *fast food*. A vantagem é que foi na Costa do Sauípe, e eu nunca, até então, havia ido para um *resort* tão bonito em um lugar especial como aquele.

Por fim, faltou alguma coisa? Ah, sim. Em maio ou junho de 2007 eu queria fazer TV.

Eu e a TV em 2007

Não era nada fácil.

O pessoal do Canal Ideal, um grupo televisivo da Editora Abril, me chamava vez por outra para atuar em esquetes de um programa de *headhunters*. O valor era péssimo e o dinheiro vinha um mês depois, cheio de descontos. Só que eu parecia querido naquele pequenino canal de TV a cabo e gostava de imaginar que eu era quase do elenco fixo deles.

Na paralela, fazia testes, apenas para comerciais, porque essa história de ator ou apresentador de TV não chegava para mim. Como eu havia trabalhado quase 3 anos em uma produtora e passado por diferentes setores e programas ao longo desse tempo, quem me queria em TV, me queria no *backstage*. E isso eu não topava mais, porque entendi que não era a minha praia. Fora que eu estava doido para pôr a cara no vídeo, o que parecia a minha real vocação.

Enfim, para mim só pintava teste de publicidade e eu não pegava nada. Quando eu ia bem em algum, na saída já cruzava com alguma figura bem mais conhecida. Era batata: dois, três meses depois, eu via a pessoa no ar com o trabalho que eu havia perdido. E nunca nenhuma daquelas produtoras de *casting* cumpria a clássica promessa que perdura até hoje, agora com outros Rafas: "A gente te liga, tá?".

Só que...

Pois bem. Eis que em maio ou junho de 2007, não lembro exatamente quando, meu mundo entrou em colapso – e eu nem sabia explicar bem o porquê.

A Editora Abril me deu uma dura: meu chefe disse que não dava mais para eu continuar indo para a redação da Abril Digital cumprir expediente, ainda que meus horários e dias fossem todos meio informais e negociados numa boa, se eu não aceitasse ser contratado pela CLT e tudo mais. Estava perigando dar problema para a empresa com o Ministério do Trabalho.

Eu não queria ser registrado: eu perderia a flexibilidade que me possibilitava fazer todas as outras coisas da minha vida. Teria um monte de descontos. Ganharia menos e viveria de modo mais burocrático.

A solução foi triste para mim: eles passaram a me manter como um *freelancer* que trabalhava de casa, indo ao prédio da Abril só de vez em quando.

Perdi a companhia dos colegas de redação, coisa que eu amava. Adorava fofocar e fazer piadas com todos pelo MSN do computador, disfarçando risadas em meio às baias, pra chefona não ficar brava. Adorava comer no restaurante central da então maior editora do Brasil, e paquerar as repórteres da *Capricho*. E agora, da minha casa, eu não tinha mais nada daquilo.

Passei a ser o redator dos *quizzes* de *Veja* e *Placar*, coisa que eu odiava. E para os *quizzes* e dicas de sexo, eu já não tinha mais saco para inventar novos conteúdos; não aguentava mais *todo* mês produzir tanta pergunta erótica. As dicas de dona de casa eu parei de fazer, porque não era convincente naquilo. Haha!

Bem, passei a trabalhar de forma desordenada do meu apartamento, em horários malucos, muitas vezes acordando tarde por ter ido pela madrugada. Em outras, dando um gás antes do almoço para depois dormir sem hora pra acordar. Mas a real é que comecei a ficar muito em casa e aquilo me deprimia.

No grupo de teatro infantil, saí das duas peças. O fato é que eu DETESTAVA fazer *O Mágico de Oz*. A peça estreara em março daquele ano, depois de um período inacreditável de UM ANO E MEIO de ensaio. E ensaios extenuantes, chatíssimos, com toda a rigidez que aquela companhia de teatro tinha. A 4 na Trilha fazia *Os Saltimbancos* de forma genial, mas perdeu a mão na nova montagem. Quando a estreamos, depois de tanto ensaio, eu não só estava exausto, como a montagem havia ficado ruim. Era muito virtuosismo e informação para crianças – e tudo mal executado pela gente.

Não aguentei e um dia pedi para ir embora, pouco depois de completar 3 meses de temporada no Teatro Folha, em SP. Sim, um ano e meio de ensaio para ficar três meses e sair, mas eu não queria mais. O grupo foi duro comigo, mas eles viram razão naquilo na época: "Ok, se vai sair do *Mágico*, sai do *Saltimbancos* também". Acatei, mas doeu. A outra peça eu gostava e era a que tinha mais público.

A história de tocar violão: eu não conseguia espaço decente para dar um recital. Havia chegado ao meu Olimpo pessoal tocando em fevereiro daquele ano no Centro Cultural São Paulo, em uma programação de domingo toda badalada. Depois disso, nada rolou. E, com o término da minha parceria com o Allez, Allez!, eu não conseguia outro restaurante descolado para tocar e ganhar meu *couvert*. O L'aperô Bistrot, também perto da minha casa, chegou a fechar comigo. Só que, aos 45 minutos do segundo tempo, o dono e também *chef* simplesmente me disse que havia mudado de ideia. Eu já tinha iniciado um programa de estudos e divulgado a novidade no Orkut, mas isso em nada o sensibilizou. "Eu só não quero mais e não tenho nenhuma explicação para isso", ele me disse. Fiquei besta.

Dos meus outros *jobs*, briguei feio com a Alejandra Pinel e saí do duo de contadores. E até que foi bom, porque contar histórias para crianças realmente não era para mim.

Audiolivros? Não tinha mais nenhum em vista. E eu estava com vergonha de procurar pela dona da editora para sondar novas oportunidades.

Meu projeto "Do Cinema para o Violão" foi recusado pela comissão julgadora do edital. Aquilo me frustrou imensamente.

Os trabalhos com o Ateliê Teatro passaram a rarear e o casal de atores aumentou o *casting*. Com a crise, gente mais gabaritada e conhecida que eu passou a trabalhar com eles. Perdi espaço. E com a Patrulha Canguru, nada mais rolava. Uma pena, porque gostava de um dos micos que passei a pagar: era o de "falso *paparazzo*", e consistia em me juntar a um grupo grande de atores para abordar desesperadamente os convidados dos eventos que nos contratavam, logo na entrada, em suas chegadas. A gente empunhava falsas câmeras com *flash* e saltava em cima deles aos gritos e disparos das máquinas, apenas para fazê-los se sentir especiais, como as celebridades. Aquilo era muito legal!

Que mais? Sim, meus frilas na TV.

O Canal Ideal passou a me chamar menos ainda e eu estava cada vez mais revoltado com os cachês. Eles eram indecorosos. Questionei meu soldo em uma ocasião com mais ênfase e acho que tal atitude me "queimou". Isso ainda acontece no meio televisivo. Se a pessoa não é badalada e seu nome não tem força, brigar pelo certo pega meio mal. Por isso tanta gente topa trabalhar tanto por tão pouco.

Os testes iam de mal a pior. Um dia, peguei um papel como figurante de um comercial do McDonald's e me senti péssimo. Ganhei pouquíssimo, a agência descontou uma boa parte, passei um dia inteiro gravando com uma equipe que foi rude com todos nós (figurantes seguem sofrendo em TV e publicidade; isso não acontece em todo lugar, mas ainda rola, sim) e, no fim, quando o comercial foi ao ar, reconheci apenas o meu COTOVELO!

Depois dessa experiência traumática, anunciei às pessoas que me chamavam para testes que eu não mais faria figuração, que não me chamassem mais se fosse algo do tipo. Claro, isso me queimou e meu telefone passou a não tocar.

Tudo isso até aqui é para contar que, em maio ou junho de 2007, o meu mundo estava ruindo.

Vida pessoal em 2007 e uma nova chance

Eu dividia um apartamento no BNH da Vila Madalena com a Thais, minha irmã. Até hoje, ela é a minha melhor amiga. Não era dos mais caros o aluguel, mas era um compromisso mensal que, somado às demais despesas, me deixava sempre em estado de alerta.

Na paralela, minha namorada era a Lia Rojas. Vendo hoje, uma santa: me apoiava em tudo e acompanhava minhas peripécias de artista mambembe. Eu me sentia pressionado por vencer logo, pela nossa relação e também pelas expectativas que eu imaginava que ela tivesse – e, mais tarde, constatei que estava errado.

Mas a real é que eu estava ficando com a agenda cada vez mais livre, tendo cada vez mais tempo disponível e menos trabalho. Era curioso, porque, de um modo intuitivo, algo parecia me dizer que aquilo era parte de um mal necessário; que faria algum sentido depois.

Eis que me veio uma grande oportunidade: fazer um teste para ser REPÓRTER da TV Cultura, em São Paulo. O *Metrópolis*, programa do qual sempre gostei, queria um homem jovem e desconhecido para cobrir pautas culturais da cidade. O pré-requisito era conhecer teatro e ser descolado, ou seja, parecia um trabalho sob medida para mim.

Meu teste aconteceu em um espetáculo infantil no Centro Cultural São Paulo – eu, voltando a uma parte do meu mundo. Entrevistei o elenco de algum espetáculo; não havia ninguém famoso ali. Não parecia tarefa das mais impactantes, mas não sei explicar, até hoje, o nervosismo que me acometeu: minha mão direita, a que empunhava um microfone pela primeira vez, tremeu assim que a primeira entrevista começou. Nunca havia entrevistado alguém antes com um microfone, nem mesmo na faculdade. Lá, nas aulas práticas de telejornalismo, eu sempre era o apresentador.

Eu mesmo fiquei assustado com o tremor da minha mão – e sua repercussão foi muito humilhante para mim. Ao teste em questão, seguiu-se um período ingrato de espera, aquele período humilhante de sempre, que todo mundo que faz teste conhece. Passado o tempo combinado para obter alguma resposta, obviamente ninguém ligou e eu passei a procurar pelo responsável do *Metrópolis*, na Cultura, ávido por conseguir alguma posição.

Era um tal de ligar e ele não estar na redação, de já ter saído para o almoço ou ter ido tomar um café etc. E sempre os que me atendiam, reiteravam: "Não sabemos de nada, quem manda e decide é o cara. Você tem que falar com ele". Eu já estava o chato em pessoa, ligando sempre e nunca recebendo um simples retorno, daqueles que não custa nada dar.

Um dia consegui o improvável telefone direto de sua mesa, algo que jamais me passavam. Liguei, ele atendeu, fez um silêncio aborrecido quando eu disse quem era e, por fim, me deu a resposta mais idiota que alguém do meu meio já me passou, ao menos até agora: "Você não passou, não; você não foi bem. A gente vai ficar com uma mulher. Fique com Deus". Era evidente que minha insegurança, expressa no microfone que tremia, fez o sujeito não querer contar comigo. E sei lá o que mais.

Só sei que aquela foi a pá de cal que faltava para o momento se consolidar como realmente cruel.

Uma novidade vinda da Argentina

Eu segurava minha ansiedade e meu tempo livre tentando viver minha vida. Aos finais de semana a Lia ficava por perto, já que durante a semana ela trabalhava. De segunda a sexta eu procurava me ocupar com o que tinha, sendo que já não tinha muita coisa.

Eu ia muito à academia fazer natação – e nadava piscinas e mais piscinas para amenizar um pouco minha depressão e ansiedade. Ao mesmo tempo, meu sexto sentido me dizia que havia alguma justificativa cósmica para as coisas não rolarem e eu ter, naquele momento, cada vez mais tempo livre.

Foi então que aconteceu.

Uma tarde, justamente depois de um treino, estou a caminho da minha casa para mais um ciclo de "nada + espera + tentativas", quando toca o meu celular.

Era a Renata Varela, uma produtora simpática, amiga de amigas da minha irmã, e que já havia me ligado uns meses antes com a finalidade de me sondar para uma vaga na produção de um *reality show* na MTV, coisa que acabou nem rolando.

A Renata foi direto ao assunto. Ela, na qualidade de primeira produtora brasileira da Cuatro Cabezas, empresa argentina de audiovisual e geradora de conteúdo para seu país de origem e para outros, mundo afora, estava precisando compor um time de produção para um projeto novo no Brasil. Era um formato original da 4K, como popularmente a chamamos, direto da Argentina, que iria ganhar uma versão brasileira no início de 2008 pela Rede Bandeirantes.

A Renata queria saber se eu estava livre para ser um dos produtores do tal programa. Aliás, ela queria saber se eu, de fato, tinha MUITO tempo livre, uma vez que o projeto consumiria bastante da equipe. Eles queriam gente disponível, muito disponível.

Achei a coincidência maravilhosa, porque tempo era uma das coisas que eu realmente tinha a oferecer. Nessa hora, me lembrei da sensação estranha de ver algum sentido ou sentir alguma razão de notar minhas coisas se libertando de mim, como se me liberassem mesmo para algo maior. Aquilo não podia apenas ser uma coincidência, havia algum sinal ali.

Mesmo com minhas insistências, a Renata não revelou qual era o projeto. Disse que era segredo ainda, sob sigilo de contrato. Mas adiantou que era algo de sucesso da 4K, uma grande aposta dos argentinos. Eu era cotado para ser um dos produtores de conteúdo e só poderia saber mais a respeito indo a uma reunião presencial com o diretor geral, Diego Barredo, e parte de sua recém-formada equipe. Era pegar ou largar. Mais, só ao vivo e a cores.

Topei a reunião, marcada para dali a dois dias, em um hotel na região central de SP. Confesso que desliguei o telefone desanimado. Produtor de TV, de novo isso? E que mistério todo era aquele em torno do tal programa?

Não foi complicado saber mais. Liguei para uma amiga nossa em comum, a Diana, e depois de pressionar um pouco, ela contou. Estava chegando ao Brasil o "Caiga Quien Caiga", vulgo *CQC*, um programa de jornalismo com humor que era febre na Argentina, com grande influência política. De fato, os caras da 4K apostavam muito nele – ainda mais depois de terem convencido a Band a ser a exibidora e correalizadora do projeto.

Acreditem: as outras emissoras não deram bola pro *CQC* e disseram que ele não daria certo por aqui. A grande figura da TV aberta responsável por possibilitar o *CQC* ao alcance do grande público em uma emissora grande foi a italiana Elisabetta Zenatti, então diretora artística da Band.

Curioso, entrei no então recém-lançado YouTube para ver o que tinha de *CQC* do mundo por lá. A primeira matéria que vi foi a de um repórter sensacional do *CQC* Chile: ele havia levado um bolo à casa de Augusto Pinochet, ainda vivo e bastante recluso e doente, para "comemorar" seus

90 anos. Detalhe: ele foi expulso por todos os fanáticos pinochetistas que se aglomeravam na porta do ex-ditador, uma vez que já chegou com perguntas desconcertantes e ácidas acerca dos crimes daquele carrasco. Sem se dar por vencido, o repórter, mesmo expulso, entra na van da produção do programa, dá uma volta, retorna o mais próximo que consegue do local, deixa o bolo no chão, chama a atenção dos fanáticos de longe e corre para dentro do transporte com os extremistas em seu encalço – que tentam pegar o "presente" e arremessá-lo em direção ao veículo, que partiu a toda velocidade, com o repórter e a equipe rindo e gravando tudo. Uma coisa incrível, sensacional!

Vi mais algumas matérias, em especial as de um repórter argentino do *CQC* matriz, o maravilhoso Andy Kusnetzoff. Aí me veio à consciência um fato: Por que deveria ser desperdiçado como produtor de um programa que poderia contar comigo como REPÓRTER? Aquela deveria ser a minha função no tal *CQC*, que ainda não tinha nome na versão brasileira. Eu haveria de conseguir. Custe o que custar!

Cara de Pau

Entendi que a melhor coisa a fazer era ir à tal reunião com o diretor, ouvir o cara falar, conhecê-lo. E abrir a real: me deixem ser repórter!

Mas aquilo deveria ser conversado e resolvido presencialmente. Quando mais eu teria uma oportunidade de *approach* como aquela? Quando se é NINGUÉM, como era meu caso naquele momento, às vezes é assim que se resolvem as coisas.

No dia e horário marcados para a reunião, eu estava lá. Era o hotel em que o Diego Barredo estava morando, no quarto dele. Barredo havia chegado da Argentina há pouco tempo e mantinha (e ainda mantém) aquele jeito mais desconfiado dos *hermanos*, ainda mais somado ao fato de que já era um veterano no programa em seu país. Tinha uns 10 anos de *CQC* e era dele a missão de criar a versão brasileira do projeto.

Com o Barredo estavam outros argentinos e a Renata Varela. Conversamos amenidades e tentei quebrar o gelo – sempre simpático. Ele me estudava de cima abaixo, com o olhar.

Quando ele finalmente começou a contar o que era o projeto misterioso, eu o interrompi e disse já saber de tudo. Mais, disse ter assistido algumas matérias, me identificado em demasia e que, acima de qualquer coisa, estava convencido de que eu deveria ser repórter do programa, não produtor.

Meu entendimento sobre aquilo não era resultado apenas do meu desespero contextual, dado o entorno que afunilava opções. O *CQC* me pareceu a resposta de uma vida, o típico projeto para chamar de meu, o trabalho que justificaria eu ter optado um dia – ainda que por conta do desespero, da crise do país, da falta de opções concretas de oportunidades – pelo caminho da multifacetação.

Fora que o *CQC* parecia ser o único projeto realmente interessante naquele momento e não só o ÚNICO PROJETO EM SI naquele momento. Tinha, ainda, cara de jogo limpo, de imparcialidade na escolha de seus integrantes. Talvez por ser um programa que vinha de fora e a ser definido por argentinos, sem as cartas marcadas de sempre do nosso meio; sem as mesmas caras ganhando tudo sempre.

Todos que estavam presentes naquela reunião ficaram intrigados com o meu posicionamento diante da vaga ofertada. Houve um mal-estar. A Renata Varela chegou a dizer que era um pouco chato da minha parte criar aquela situação, uma vez que ela havia sido enfática sobre qual era o trabalho e eu havia dito que tudo bem. E eles, palavras de outro argentino, não tinham tempo a perder.

Um dos *hermanos* colocou o seguinte: para ser repórter do *CQC* era preciso atender a alguns pré-requisitos; senão todos, ao menos alguns. Eles estavam procurando humoristas de *stand-up* ou que tivessem show de humor em cartaz ou experiência com aquilo, que pudessem comprovar humor em algum *videobook* e que também tivessem alguma experiência com reportagens televisivas.

Eu não atendia a nenhum daqueles requisitos: nunca havia sido comediante, estava longe de ter material em *videobook* e minha única experiência como repórter havia sido catastrófica. Ainda assim, pedi, queria poder, pelo menos, fazer um teste.

As pessoas passaram a basicamente falar ao mesmo tempo, umas em cima das outras. Eu entendi pouco, porque o espanhol deles era rápido e alguns pareciam irritados. Só quem não falava nada era o Diego Barredo, que me estudava com mais atenção ainda.

Eis que ele interrompe todo mundo e passa o seguinte recado: ele ia me deixar fazer o teste, mas eu teria de ir bem, muito bem. Se não fosse, eu não seria nada naquele programa, nem produtor, nem assistente, nem *caboman*, nada!

Eu topei o desafio e disse que esperava que marcassem os testes. Eu iria arrebentar!

Hoje entendo e sei que o Barredo sacou isso no dia da reunião: minha cara de pau de ir até lá e mudar tudo, pedindo para ser repórter no lugar de produtor, já era atitude de *CQC*.

Os testes

Meu primeiro teste foi num evento chamada Casa de Criadores, no Shopping Frei Caneca. Foi em algum dia de outubro e lá eu ia encontrar o povo mais influente da moda. A ideia era ver como eu me saía com celebridades.

Todo mundo que estava na reunião foi comigo no teste. E mais outras: devia ter umas 15 pessoas ali. Seria a primeira seleção prática de elenco do *CQC* no Brasil. Então, tinha gente a mais mesmo, para aprender com os argentinos como seguir com as demais provas a partir dali.

Para minha alegria, o cinegrafista era o Hernan, então namorado da minha prima, um argentino também, mas quase da família. A gente não era próximo, nunca foi, porém ele tinha uma simpatia por mim e, dentro do possível, foi me tranquilizando e dando uma ou outra dica. Controlar meu nervosismo era uma delas.

Lembro que tomei um remédio antes para inibir o tremor na mão; o Inderal. Era para não rolar o que tinha acontecido no teste do *Metrópolis*. Funcionou. Por mais apavorado que estivesse, a coisa não se revelava no meu microfone.

Ainda assim, a coisa não começou bem. Na saída da van para a pauta, com todos dentro do veículo, tentei descontrair e fazer uma piada com o Diego Barredo. Ele me respondeu secamente para guardar minhas anedotas para a matéria.

Uma vez lá, assim que gritaram "gravando", a primeira piada que fiz não agradou em nada nenhuma das pessoas que acompanhavam meu teste. Uma logomarca da Brastemp, que era patrocinadora do evento, ficava sendo projetada em laser no chão, cada hora em um lugar. Fiquei brincando de correr dela, de fingir que era um ataque extraterrestre e de tentar adivinhar onde ela surgiria em seguida. Notei cochichos entre os argentinos e até mesmo ouvi um "*boludo*", como palavra para me definir, o que na língua espanhola não é uma coisa boa. A Renata Varela pediu com gentileza, mas de modo firme, que eu levasse o teste a sério, em consideração ao grupo de pessoas que ali estavam. Foi chato.

As primeiras entrevistas saíram bem mais ou menos. A coisa parecia meio perdida, com o povo desanimado comigo. Até que fui salvo por uma elegante senhora da moda chamada Costanza Pascolato – a própria.

Ela chegou e topou me dar uma entrevista. Eu não sabia o que perguntar e improvisei qualquer coisa que veio à minha cabeça, mas com o linguajar mais rebuscado e *nonsense* que podia criar na hora. Questionei algo sem nenhum sentido, mas bonito de dizer. Algo como: "A senhora não acha que a moda passa por consubstancializações sistêmicas que reforçam o anacronismo dos plutogramas estéticos que perpetram a aliteração dualística das vertentes do poliéster?", algo nessa linha. Era nada com nada vezes nada.

Só que aquela senhora iluminada embarcou na brincadeira e respondeu algo maluco na mesma linha. Passamos a travar um diálogo absolutamente surreal e isso chamou a atenção das pessoas em volta, do público do evento mesmo. De repente, os argentinos viram que as pessoas pareciam se divertir comigo, ainda que eles mesmos não estivessem entendendo patavinas da conversa! Começaram a sorrir e vê-los se divertindo me motivou e eu segui na matéria com mais segurança, tudo graças à Costanza, uma pessoa que jamais encontrei novamente e a quem nunca pude agradecer.

O primeiro teste acabou e meu então quase primo (hoje ele já é), Hernan, me contou que os caras tinham visto algum potencial em mim. Entretanto, disse que tinham dúvidas ainda e queriam me ver em alguma matéria de política – o DNA do *CQC*, em todas as versões que teve ou tem no mundo.

Só soube um ou dois dias que matéria faria: me mandaram cobrir as eleições internas do PT, acompanhando a votação de um dos candidatos à presidência do partido naquele ano. Era o José Eduardo Cardoso, que ainda não era um nome tão forte na política como se tornou depois.

Lembro que me preparei bem para ambas as matérias, tanto a de celebridade como a de política. Estudei no Google quem eram as pessoas principais de cada pauta, e fiz anotações e piadas que levei em caderninhos. Fiz questão de folhear minhas escritas na frente de toda equipe, em especial do Diego Barredo. Mostrava comprometimento.

Bem, o teste do PT foi muito mais fácil. Para minha sorte, o José Eduardo Cardoso era bastante gente fina. Entrou em tudo, ria de tudo, e levou numa boa uma pergunta mais ácida da época, sobre o mau uso dos políticos com o tal do Cartão Corporativo – o escândalo daquele momento.

O José Eduardo estava cercado de assessores ou puxa-sacos, que também riam de tudo. Depois entendi: isso era o ser político, quando entrevistado pelo *CQC*. Se a pessoa tivesse jogo de cintura, mesmo metida em qualquer falcatrua – o que não era o caso do meu entrevistado naquele teste –, ela sempre riria e tentaria nos trazer para perto pelo quesito simpatia e amizade. Na cabeça dessas pessoas, isso nos enfraqueceria na crítica e acusação. Muitas vezes tal artifício funcionou mesmo!

Os argentinos deram os testes por encerrados e mandaram aquela clássica frase dos brasileiros – que eu não esperava ouvir deles: "Qualquer coisa a gente te liga. Obrigado". Diante das minhas perguntas diretas acerca da *performance*, se tinham gostado ou não, desconversaram e disseram que, na hora certa, eu saberia.

Confesso que foram dias horrorosos.

Hernan, coitado, até que teve boa vontade comigo. Perguntei mil vezes se ele tinha ouvido falar de mim nos bastidores, se ele sabia de algo. Ele era muito profissional e ético, o que parece ser um mérito dos argentinos no setor televisivo. Em dado momento, ele me cortou e disse que não poderia mais me ajudar, que agora era esperar mesmo, e pediu para eu não o questionar mais sobre esse assunto.

Ainda assim, ele despedaçou meu coração quando me disse que novos testes estavam sendo feitos com outros jovens, alguns nas mesmas pautas que eu havia ido. O Diego Barredo estava juntando material suficiente para levar a Buenos Aires para a aprovação final dos primeiros nomes do *CQC*, com seu chefe. Era isso. Mas, para mim, foi como constatar que eles não tinham gostado do meu trabalho.

Porém, tinha um ponto importante: eu sentia que aquela era a minha vez. Era só uma questão de esperar uma resposta e torcer para ela ser a melhor. A minha parte eu já havia feito.

À espera

Enquanto esperava o Diego Barredo me telefonar em algum dia para dar qualquer *feedback*, fui tratar de viver minha vida e começar a criar meu plano B, caso o programa não me quisesse.

Tinha marcado uma viagem para a Europa em dezembro, sozinho, pois a Lia, minha então namorada, não poderia ir. Seria um mês de Paris, Barcelona e cidades da Andaluzia, a realização de um sonho antigo. A viagem seria paga em 12 vezes e as parcelas já estavam caindo. Era preciso mais que nunca trabalhar.

Iniciei um projeto novo, mais um, para tentar ganhar outro edital da Secretaria de Estado da Cultura. Agora, eu queria fazer recitais de violão em escolas de Ensino Médio e aproximar meu instrumento de jovens carentes da rede pública de ensino. Comecei os trâmites mil de preenchimentos de edital, papeladas etc.

Na paralela, peguei novos conteúdos na Abril Digital. Trabalhos difíceis que pagavam por obra e só na entrega, mas fui aceitando e correndo atrás para cumprir.

No auge do meu desespero, segui o conselho de uma amiga atriz e fiz um teste para trabalhar em um local chamado Cidade do Livro. Era um local longe à beça da minha casa, uma espécie de Disneylândia dos livros. As escolas levavam seus alunos em passeios guiados por monitores, quase todos atores e atrizes, que levavam a criançada para andar em locais com alguma cenografia que remetesse a algum clássico da literatura, tratado como contação de histórias.

Era um trabalho lindo e nobre, mas pedia registro em carteira e doação integral dos artistas que passassem no teste. Se eu pegasse o trabalho, teria de cumprir horário de segunda a sexta. Teria emprego fixo com CLT, mas não ganharia muito bem e teria de abrir mão das demais coisas da minha vida. De qualquer modo, era um plano B para alguém que poderia se frustrar com a não realização do plano A.

Lembro que, em meados de novembro daquele ano, iniciei um tratamento espiritual budista. Uma amiga querida da época me ouviu, com meus conflitos: eu estava com tudo feito direito, papéis cumpridos, respostas a receber etc. Precisava de uma força do lado de lá.

Ela me deu um colar de contas budista e receitou dois mantras da prosperidade, poderosos, e me instruiu a repeti-los todos os dias, por um período X, várias vezes a cada dia, de acordo com um tratamento específico.

Segui sem hesitar. Ao longo de uns dois meses foi assim: fazendo sol ou chuva, lá estava eu com os mantras. Em minha mentalização, pedia sempre o mesmo: "Que eu possa pegar o trabalho do *CQC* para, com isso, revolucionar não só a minha vida como a de toda a minha família".

Eu fazia questão de me comprometer a ajudar mais gente (a princípio os meus familiares, depois outras mais, de acordo com demandas e contextos), se o *CQC* de fato virasse para mim e me ajudasse. Achava o mais justo. Ainda acho, na verdade. É uma lei da existência.

Dezembro chegou e as coisas começaram a se definir na paralela: dali a poucos dias eu viajaria para a Europa e já estava encalacrado com o cartão de crédito. Isso porque só me fidelizei com despesas simples; hospedagens baratas, nada demais.

Meu projeto de violão nas escolas andava na reta final de inscrição no edital da Secretaria de Estado da Cultura, com tudo quase pronto para fechar a papelada.

Por fim, olha que loucura, me ligaram da Cidade do Livro: a vaga era minha. Deveria começar em janeiro, tão logo voltasse da Europa, lá pelo dia 28. Sim, o plano B estava resolvido, ainda que me sentisse muito infeliz com aquilo.

Eu não queria trabalhar na Cidade do Livro, eu queria ser repórter do *CQC* em 2008, nada mais. Mas eles não me davam retorno. Nada. Nem um sinal de vida.

A Lia insistia: "Liga pros argentinos, cobra uma resposta!" Eu fiz isso uma ou duas vezes mais, e nada.

O grande dia

Um dia, olha como a vida é, eu havia conseguido uma reunião raríssima com a então Secretária de Estado da Cultura de São Paulo. A tal senhora não atendia ninguém, mas abriu uma exceção para mim, de modo a sanar dúvidas finais que eu tinha com a inscrição do meu projeto de violão nas escolas.

Estou no meio do rápido e protocolar encontro com a secretária, num contexto no qual devo aproveitar cada segundo do papo, quando meu celular toca. Olho no visor e vejo: "chamada internacional". Eu sabia que era o *CQC*.

Peço desculpas à mulher pela indelicadeza e atendo. Era o Diego Barredo. Eu pergunto se ele tem alguma resposta, ele diz que sim e, antes que o papo possa seguir, eu o interrompo para suplicar que ele me ligue uns 10 minutos depois, pois eu estava numa reunião importante e não poderia falar mais ao telefone.

Barredo garantiu que ligaria, sim, em 10 minutos, e eu desliguei para continuar uma conversa chata sobre burocracias de edital e leis. A senhora falava, eu não ouvia mais nada, não estava mais ali. Só queria a minha reposta para entender o que seria de mim.

Lembro-me de sair da reunião e ficar do lado de fora da Secretaria de Estado da Cultura esperando meu telefone tocar de novo. Não valia a pena andar na rua ou tentar pegar o metrô de volta para casa, porque o sinal poderia cair, a bateria acabar, sei lá. Fiquei angustiado e quase imóvel esperando meu celular tocar de novo da Argentina.

Não foram 10 minutos, mas uma hora e quinze minutos! Só depois disso o Barredo ligaria de novo. Eu já definhava. Não fiz mais piada, não joguei conversa fora. Exaurido, perguntei pela resposta final. Ele então disse as palavras que eu tanto esperava ouvir: "Rafa, seja bem-vindo ao *CQC*".

Recordo que perguntei se poderia gritar e ele disse que sim. E eu dei um grito na rua, em plena Praça Júlio Prestes, um grito de raiva, de liberdade, de realização. Finalmente alguma coisa tinha dado certo. Enfim, eu tinha chegado a algum lugar, e por meu, enfim, reconhecido mérito e esforço. As coisas passariam a dar certo a partir dali, como de fato deram.

Desdobramentos

Diego Barredo me contou que ficara bem impressionado ao ver que eu chegava nos testes com perguntas e anotações feitas em casa, depois de pesquisas minhas na paralela. Isso contou pontos a meu favor.

Mais: ele disse que seu chefe, Diego Guebel, na Argentina – e que mais tarde se tornaria um importante executivo de TV no Brasil –, deu *play* no meu material, assistiu e parou pouco tempo depois de ver alguma coisa para dizer: "Esse garoto já é *CQC*. Contrata. Vamos ver os próximos!"

Fiquei extasiado. Fui o primeiro integrante a ser contratado pelo *CQC* Brasil. A matéria inaugural do programa no Brasil, em 17 de março de

2008, foi minha. Nela, eu entregava os óculos que eram símbolo do programa ao então presidente Luiz Inácio Lula da Silva. Foi demais!

Importante: os mantras da prosperidade funcionaram. Eles são poderosos! E eu passei realmente a mudar minha vida e a das pessoas que amo. Não foi um compromisso firmado com o nada. E eu sigo firme no meu combinado espiritual.

Fiz minha viagem para a Europa poucos dias depois de receber a resposta positiva do *CQC*. O barato é que, por saber que passaria a ter contrato fixo a partir de janeiro do ano seguinte, dei um *upgrade* na viagem: albergue virou hotel e bandejão passou a ser restaurante. Uma beleza!

Meu projeto de tocar violão nas escolas pela Secretaria de Estado de Cultura foi recusado pela banca julgadora. Segui e sigo ainda fazendo e propondo outros projetos. Uns saem, outros não. Uma hora, vira!

Neguei, com muita alegria, trabalhar na Cidade do Livro. Foi um alívio para a minha cabeça.

Segui com meus frilas na Abril Digital até março de 2008, mês em que o *CQC* estreou. Aí, entendi que não conseguiria mais seguir com nada assim na paralela. Saí e nunca mais voltei, mas tenho saudade do tempo que passei lá.

Nunca mais fiz teatro infantil, contação de histórias ou testes como figurante. As coisas mudaram radicalmente para mim. O *stand-up* passou a ser minha maior manifestação de palco cênico, em uma carreira que iniciei em 2009 e segue até os dias atuais. Nos testes, passei a ter um nome e isso me redimiu de mil maneiras – e segue me redimindo.

Passei a não poder fazer mais nenhum dos *jobs* paralelos, que mal me procuravam antes. Tenho, contudo, orgulho de tê-los em minha história.

Audiolivros, olha só! Gravei mais 4 depois que entrei no *CQC*: outras três obras de Machado de Assis (*Dom Casmurro*, *Memórias Póstumas de Brás Cubas* e *Quincas Borba*) e uma de José Mauro de Vasconcellos, *Meu Pé de Laranja Lima* (esse é o meu predileto).

Como músico, com o *CQC* ganhei uma projeção que também me ajudou a contar às pessoas que tenho esse lado. Ganhei outra dimensão também como cantor e compositor.

No começo, a fama do *CQC* ajudou, e saíram projetos, como o meu CD de violão *Elegia da Alma*. Com o tempo, as dificuldades de músico voltaram a ser fortes e ainda são. Agora também entendi que o público faz, muitas vezes, uma distinção: "Se esse cara é humorista, por que ele toca e canta também?" Sigo nessa luta, tentando mudar o senso comum.

Recentemente, coisa de seis meses, Lia Rojas, aquela que era minha namorada em 2007, me contou que, na época do nosso namoro, graças à ajuda da mãe, havia conversado com uma benzedeira poderosa. Ela pediu ajuda para o negócio do *CQC* dar certo e a tal senhora foi enfática ao dizer que eu deveria procurar os argentinos, ir atrás deles. Segundo ela, eles me queriam, mas estavam esquecendo de mim. Segui os conselhos da Lia. Funcionou, não sei se por coincidência ou não, mas, depois de ligar um pouco mais para os argentinos, eu pude contar para a Lia que tinha uma resposta, e ela era positiva: Eu estava no elenco do programa!

Lia comemorou discretamente comigo. Algo não parecia bem. Ela seguiu ao meu lado durante os pilotos do programa e toda a fase de preparação. Um dia, pouco antes da nossa estreia na Band, e com o namoro já esquisito, ela viu um anúncio na *Veja*, contando da estreia do *CQC*, com uma foto de todo elenco junto, em página dupla.

Pouco depois, ela pediu para terminar com essas palavras: "Eu não estou preparada para ter namorado famoso. Quero um homem gordo que espere a mulher chegar sentado no sofá".

Foi uma pena. Terminamos, voltamos, eu depois terminei por estar magoado, passamos um tempo juntos, tivemos casos, mas não deu: hoje a gente é amigo e eu adoro a Lia, também porque ela se gaba publicamente de ser o melhor partido da cidade, por amar comer coentro. Pode?

Por fim, o *CQC* me deu uma vida com números dos quais me orgulho profundamente. Dos 8 anos de programa no Brasil, estive em 6, entre idas e vindas. Fiz mais de 700 matérias como repórter, fui um dos apresentadores do programa no último ano, cobri uma Copa do Mundo, uma Olimpíada, um Oscar, o Festival de Cinema de Veneza, o de Cannes, uma convenção da ONU, 500 Milhas de Indianápolis, festas populares dentro e fora do País e estive em posses e cúpulas de presidentes e autoridades, também aqui e no exterior.

Além disso, apresentei 4 temporadas do Cqteste, fiz matérias especiais de denúncias, coloquei muito político corrupto e sem-vergonha na parede, criei muita coisa, bolei muita piada, pauta e quadro etc. Eu colaborei em tudo que pude e, de quebra, além de conhecer 11 países e 34 cidades do Brasil e do mundo, ganhei um nome e uma história.

Eu nunca imaginei que uma crise de maio ou junho de 2007, não me lembro exatamente quando foi, poderia fazer de mim um homem tão realizado.

Enfim, eu tive um projeto para chamar de meu. Por fim, alguma coisa fez sentido e redimiu tanta humilhação e labuta. Obrigado, *CQC*... E que venha o próximo desafio!

para todo o sempre
janeiro de 2005

Para todo o sempre,
Por nós, porque é preciso;
Por mim, porque eu quero.
Para todo o sempre,
Por manifestar o meu sorriso –
E por ser só o que eu espero.

Por mais e mais na vida –
E que seja duradouro
Como a soma vital do meu amor,
Que hoje é todo ouro.

Para todo o sempre,
Por nós dois,
Pelo que passou,
Para que exista depois de mim,
Depois do tempo findo
Quando nem o tempo viu chegar o fim,
Pois se valeu de algo mais lindo.

Para todo o sempre eu,
Enquanto houver motivo,
E mesmo sem motivo algum.
E, se é que consigo,
Para todo o sempre comigo,
Como registro do que é preciso.
Por mim,
Por nós,
Para todo o sempre.

aproveitando um bom momento

julho de 2008

Eu quase não me aguento de tanta alegria,
Imaginar que minha vida é completa.
O engraçado é que isso contraria
O que eu acreditava ser vida de poeta.

Como me encontro satisfeito
E quase sempre rio à toa,
Com a tal felicidade – e esse riso que aproveito,
Chego a crer que há em mim outra pessoa.

Me pego bobo, feliz comigo,
Deixando o tolo esquecido e bem guardado.
Quase sempre me lembro dele e o convido
Para que venha ser feliz aqui ao meu lado.

Como é efêmero o momento em que me vejo –
Ou pelo menos, a história diz que é assim.
Anseio ser feliz no meu desejo
E que o feliz do meu desejo more em mim.

Como poucas vezes durmo emocionado,
Sorridente com o que noto vir comigo,
Esperando então vingar o meu passado,
Em que era eu amargo e não havia o que eu vivo.

Entro no meu sono receoso,
Rezo e peço que o que é bom não me abandone,
Que amanhã eu possa ser feliz de novo
E que a felicidade em si me ame.

carta pro joão batista, que não é o pinóquio, mas também tem corpo de madeira
junho de 2011

FOI DEPOIS DE ANDAR NA PRAIA com você ao meu lado, violão, e de dedilhar mais um pouco as suas cordas, que percebi: o que quer que fosse feito dali em diante, esse algo tinha de ser com você e as coisas que compus apoiando meu corpo no teu bojo e respirando junto com a tua madeira, que eu sempre soube estar viva. Era dia 29 ou 30 de dezembro, em Pouso da Cajaiba, ano de 2004.

Como mágica, um ou dois dias depois eu conheci a bailarina naquelas mesmas areias. Rolou um clima, o romance aconteceu e, na praia, ela me convidou para tocar as músicas do balé de seu grupo. A turma ia dançar Baden Powell, mas as nossas canções, que mostrei para ela pouco antes, acabaram desbancando o mestre. E nasceu o projeto de tocar para as bailarinas, num ambicioso sonho que iria render trabalhos e muitos louros no ano que então se iniciava.

Veio 2005 – e ensaiamos tanto! O que tinha de ser rentável e mágico para um ano ou mais, acabou se resumindo a duas únicas sessões no Teatro Paulo Autran, em 6 e 7 de maio. Ao término daquilo, nunca mais se viu passo algum sincronizado com movimento coreografado de corpo de baile. Tanto para tão pouco, mas, ao menos, nasceu o primeiro registro.

Deu medo de ficar doente ou não poder um dia acompanhar as bailarinas no que era, para nós, até então, um projeto que viajaria o Brasil e, quiçá, o mundo. Fomos para o estúdio, eu e você, está lembrado? Em quatro dias gravamos nove peças.

Na noite de estreia do nosso show, as 200 cópias de *Solo* estavam ali, esperando algum reconhecimento. Só deu para fazer essa quantidade, os contratempos foram tantos. O disco chegou da reprodução quando, uns dois dias antes do balé? E a capa, que ficou toda vermelha? Aquela gráfica picareta que errou meu fotolito e me entregou tudo tão feio, tão ruim. E como foi difícil vender/ dar/divulgar meras 200 unidades, recorda? Passados 3 anos, ainda existiam exemplares à venda na Livraria da Vila, o único lugar que conseguimos como parceiro comercial. Apesar da gentileza na negativa, o Roberto Menescal não topou ser nosso amigo lançando o disco pela Albatroz, da mesma maneira que a gente não chegou nem às portas dos fundos de qualquer gravadora. Morremos no mar com papinhos furados daquele selo que, por fim, também não deu em nada.

Nisso, lá se foi uma grana suada e as duas centenas de CDs nunca se pagaram. A gente mais deu disco do que vendeu.

Veio então a fase nova, o programa de TV me colocando num patamar mais favorável. Graças ao sucesso do *CQC*, novos projetos surgiram: um show de humor, rádio, o Loreno – aquele meu personagem na internet, eventos, publicidade, essas coisas que não duram a vida inteira e que a gente precisa saber aproveitar. Mas deu aquela coceirinha nos calos dos dedos e eu achei que a gente deveria tentar de novo. O ano já era 2008, eu anunciei a volta da nossa parceria com o relançamento oficial do disco.

Bem, o tal ano passou e não deu tempo. Prometi tudo para 2009, e também não deu. Eu tinha tanto a fazer que não conseguia, mesmo. Fora a vida que perdi negociando com gravadoras ou grandes selos. Como isso atrasou o processo, não é? Parecia que havia um interesse legítimo no disco, com eu entrando pela porta da frente em todos os locais, falando com a diretoria artística em pessoa. Quanta diferença em relação a 2005! Parecia um grande negócio, mas as contrapartidas não valiam. Lembra?

Demorou, mas a gente percebeu que não poderia mexer numa vírgula do trabalho artístico, tampouco remanejar nossa logística de agenciamento. Nós optamos por seguir 100% autorais e independentes, sozinhos. Parecia um grande baque, porém decidimos voltar com força total num disco mais completo, não só no relançamento daquele de antes. Isso nos deu um novo gás.

Contudo... Quantas promessas a gente fez de que tudo não passaria de 2010? E não é que passou? Deu só para gravar mais uma coisinha e reunir melhor as ideias e as composições para o ano seguinte, confiando que ainda teríamos moral com nosso público e, acima de tudo, com as nossas próprias palavras.

Foi então que começou essa loucura.

Mal iniciou 2011 e a gente se internou. Eu e você dispensamos os tentadores convites para uma nova temporada de humor no Nordeste, bem nas férias do *CQC*, quando vale muito a pena. Voltamos a ter aquela relação dos meus 20 anos: uma quase clausura, uma luta contra os limites do corpo e do tempo. Em estúdio, aquele preciosismo, aquela dificuldade: em um *take* contar todas as histórias que faltavam, com toda aquela emoção precisando ser revelada em registro, para sempre. Muitas horas de ensaio, duas madrugadas gravando. Depois, mais 4 sessões puxadas de audições, edição, cortes, discussões pela noite, essas loucuras de estúdio. Ainda éramos nós e apenas mais duas pessoas, a Flávia e o Guilherme. Pacientes, trabalhando com aquela parafernália toda e também incertos dos nossos rumos.

Mexemos em tudo que já tínhamos até então: as peças do *Solo*, a faixa de 2007, a de 2010 e as 5 que gravamos recentemente, às custas de estudos e sacrifícios. Equalizei, remixei, ouvi duzentas vezes de novo, mexi em tudo. Sempre com o Gui. Anjo da guarda, garoto de ouro. Encorpamos os volumes, os timbres, percebemos que o material poderia ter uma unidade, um corpo sonoro único, ainda que tivéssemos faixas de momentos diferentes. Um disco mapeando minhas composições e o modo como gravo e toco ao longo de um tempo. Toca dar um nome para ele. "Emaranhado Musical"? *Solo* mesmo? Alguma faixa marcante do disco? Acabou que elegemos *Elegia da Alma*. E assim ficou.

À medida que o ritmo das demais atividades do ano passou a se impor, veio a constatação de que a gente tinha tudo para deixar, mais uma vez, para mais tarde. Isso nunca! Demos aquela acelerada: surgiu a Verônica, que convidei para ser a produtora do CD. Ideias tomaram forma e nós estabelecemos um *deadline*: maio de 2011 – lançamento oficial. Anunciei a novidade para a *Folha de S.Paulo*, de modo a tornar público que, como sabiamente dita o popular, "é agora ou nunca".

Fevereiro, março e abril. Três meses de produção e milhares de loucuras. Tem que dar os nomes das quatro faixas, que sempre foram encaradas como movimentos de uma suíte. Entrevistar os candidatos para o design do encarte, descartar os que não queremos, escolher o Vinny. Reunião com um possível distribuidor? Feito, e descartado. Onde irão ser feitas as fotos do disco? Tem um lugar, tem que visitar, é permuta, tem que negociar. Fechamos o Renato como fotógrafo? Reunião com ele, horários apertados, definições mil, chama a Isa para fazer o *making of*. Marca com a Nicole para vermos umas roupas legais para a sessão de fotos. Cancela a Nicole hoje, pintou matéria do *CQC*. Coitada, tem que ver tudo em três dias, incluindo o final de semana. As fotos foram desmarcadas, pintou Itália com o *CQC*. Toca avisar todo mundo, cruzar agendas, escolher o lugar e a data, negociar um horário com a produção do meu ganha-pão. Véspera das fotos, não temos maquiagem! Precisa dessa frescura? "É seu CD, desde quando cuidar da sua imagem que vai ficar imortalizada ali é frescura?" A Vê tem razão. E toca ver se a Dani pode, avisada de última hora.

Em paralelo, Abramus, reuniões com a Flávia e a Verônica, todo esse lance do jurídico, a masterização com o Homero Lotito. Olha o papo com o ítalo e o Felipe, vamos pensar na distribuição com fãs, vamos fidelizar com as lojas X e Y? Pinta o Carnaval, o Brasil todo para e a gente não pode se dar esse luxo. Começar a negociação de horários para a máster, putz, deu pau no computador do Guí aqui, o arquivo acolá não foi importado. E eu, você e a Verônica com a mesma inquietude de sempre, mas ainda focados e esperançosos.

Máster finalizada, fotos escolhidas a dedo, depois de intermináveis seleções e desencontros, primeiras provas do encarte, novas correções na matriz, papeladas sendo assinadas, imposto para recolher, reunião com advogada, e-mails incessantes, pagamentos a todo tempo, jantares, cafés, bares e reuniões com todo mundo que se envolveu, a Vê e eu mais unidos que irmãos e brigando mais que gato e rato. O prazo cada vez mais afunilado, os textos revisados foram mandados errados, refaz tudo, relê tudo, mostra pra um, mostra pra outro, enxuga isso, desfaz aquilo, você e eu pra cima e pra baixo nas sessões do meu solo, eu pra cá e pra lá trabalhando nas minhas matérias, tudo ao mesmo tempo, agora junto com eventos, shows, *CQC*, viagens, casa pra cuidar e a cabeça pra acalmar.

Final de semana definitivo. Tem uma papelada chata pra dedéu que precisa rolar até o início de segunda. Eu em Angra, Verônica em São Paulo, Flávia com as respostas que a gente precisa. Rola desencontro, as coisas não acontecem, vem discussão, gritaria, choradeira, intermináveis DRs, cobranças e baldes de água fria. Mas a segunda-feira nasce depois de uma hora e quarenta minutos de telefone e, por fim, um novo rumo se dá e as coisas acontecem. Mas não por muito tempo.

Tem que ver todo o texto mais uma vez. Tem erro! Toca a ler, ler, falar com o Vinny, e dá-lhe o coitado pela enésima vez fazendo tudo, com novas provas de gráfica, a mesma amabilidade e, ainda bem!, a mesma paciência de sempre. O disco finalmente vai para a Sonopress; vamos comemorar! No entanto, *bad news*, eles não têm máquinas para fazer um encarte desse tamanho. E dá-lhe o pobre Vinny refazendo tudo, adequando uma arte de 11 dobras para 7. Dá-lhe aprovação, volta para a Sonopress, canseiras, orçamentos, depósitos, pagamentos, conversas, administração do pouco tempo para fazer tudo ao mesmo tempo etc. etc. Paralelamente, reuniões com o Ítalo sobre shows, comercialização, imprensa. Como será o lance na internet, um *hot-site* com o Vinny, uma interação com as fãs? Tudo junto e misturado, já estamos em maio. O CD já tinha de estar prensado e nas lojas, prontinho. E como eu fico com as minhas promessas e as cobranças das pessoas?

Eu fico atento. Não posso fazer mais do que acreditar e continuar trabalhando. Olho para tudo com uma lupa, é quase assim. E eis que noto uns detalhes que fugiram de todos nós – a mancha na capa, uma palavra que fugiu da diagramação, um agradecimento errado. Santo Vinny Campos. Haja paciência e trabalho! E olha: ele ainda volta, ralando mais um pouco, no parágrafo seguinte.

Primeira parcela da Sonopress paga. Grana depositada. Domingo, 8 de maio, eu durmo feliz depois de duas apresentações iradas do meu solo no estado de Minas Gerais. Tenho a consciência de que nada mais pode dar errado agora. Dia 26 de maio eu recebo as 5.100 cópias que encomendei. Ufa! Mas a segunda-feira nasce soturna: a arte do CD foi devolvida porque há uma incompatibilidade de um número de registro do código de barras ou coisa assim. Fora que, na correria, cadastramos o nome errado de uma música. Ela não bate com o que está escrito nos formulários e na Abramus. Tem que corrigir o encarte, não os formulários – isso seria bem mais burocrático. Lembram que eu falei que o Vinny voltaria nesse parágrafo? Pois é. A vida é dura às vezes...

Tarde de terça, 10 de maio. Agora não tem mais erro. O último arquivo está na Sonopress, o parecer técnico deles nos é favorável. Parece que nada mais consta de errado. Vai rodar. Talvez não chegue mais no dia 26 deste mesmo mês, mas não passa do dia 1º de junho.

Paralelamente, novas loucuras se agitam. O filho está tomando forma no cantinho dele, ao passo que nós, eu e você de novo, estamos nos agitando para os primeiros passos da criança. Temos agenda em Ribeirão Preto logo mais, ocasião em que esperamos "desovar" umas 500 unidades para o nosso público. Conseguiremos? No dia seguinte, *simbora* pra São João Del Rey. No meu solo de humor por lá, vamos levar o meninão para conhecer os mineiros. E aí, sim. O grande dia. Junho, uma quarta, o Teatro Tuca. Show de lançamento. Só eu e você no palco. Ficou grande a coisa, não?

Da nossa relação, meu violão João Batista, tão modesta no *Solo* das 200 cópias de 2005, veio esse grande momento: *Elegia da Alma* levou 7 anos para sair e envolveu um mundo de coisas. Um monte de gente. Tudo que é sentimento, do melhor ao pior. Quinze anos de composições compiladas em quinze faixas – e ainda nos demos ao luxo de mandar uma faixa bônus, só pra esnobar. Tanto trabalho que se originou de tanta coisa interior. Está bem bonito, o menino, dando um orgulho enorme. A gente quer comemorar logo e reunir a equipe para abrir um monte de cerveja. Tá quase lá!

Enquanto isso, vamos seguindo como a gente faz desde 1994: sozinhos, em paz com a gente e com tudo que só nós dois sabemos. Temos a vida inteira para entender os mistérios da nossa relação e curtir os nossos filhos, como esse que a gente fez.

Um abraço,
Rafa Cortez

balanço
novembro de 2013

Ela, que costuma botar todo mundo para dançar, agora baila sozinha.
Indiferente ao olhar de toda gente –
Que lhe admira os cabelos,
Que lhe inveja o corpo,
Que a quer nos braços em abraços, assim como eu –,
Ela segue embalada pelo vaivém do mar.

Chega uma onda para espiar como ela anda; morre de inveja –
O próprio Sol a deseja!!

A areia abaixo dela a torna ainda mais bela; que seja:
Onde já se viu areia agora ter princesa?
O céu azul da Bahia ganha uma cor ainda mais bonita:
Ela sorriu e o Brasil viu quão mais lindo o céu azul fica...

E era ela, aquela garota esquisita...
A que tinha pulseiras coloridas. Da bota de lã de carneiro. A do sapato voador.
A que amava por um mundo inteiro, mas sequer recebia uma flor.

Numa súbita tristeza, a nuvem esconde o sol por ela.
É em apoio a uma memória fortuita, de quem questiona a própria vida,
Sem ter um fogo a acendê-la.

Mas vem o vento, lhe acaricia o colo e a lembra de como é querida.
E nisso, a chuva fina que lhe refrescou a face franzida,
Desaparece quando vê que a prece feita é atendida.

Quando ela, enfim, coloca os olhos nos meus,
Eu agradeço a Deus...
E conto com um beijo o que eu não disse em palavras.

aos trovadores!
julho de 2017

Com este ofício santo, havemos de cessar o pranto aos poucos.
Com nossos cantos, olhos e encantos,
De tanto canto a ficar roucos
Sempre envoltos em nosso recanto, alheio ao antro;
Ao que é dos outros;
Colheremos louros, rosas e ouros, nossos tesouros, felizes e loucos.
Abertos tal como botão de rosa
Com música, cores de diferentes matizes,
Poesia e prosa
Só a quem queira, só a quem possa
Saberá ser verdadeira.
A arte a quem a queira; a nossa!
Teremos, todos nós, a mais bonita melodia
Que hoje, cada voz, suba em seu altar,
Por eles, por vós!
Daqui pra frente, com o amor em mente,
– e é para amar! –
Por mais e mais um dia
Agora e para sempre

Você vem com a gente?

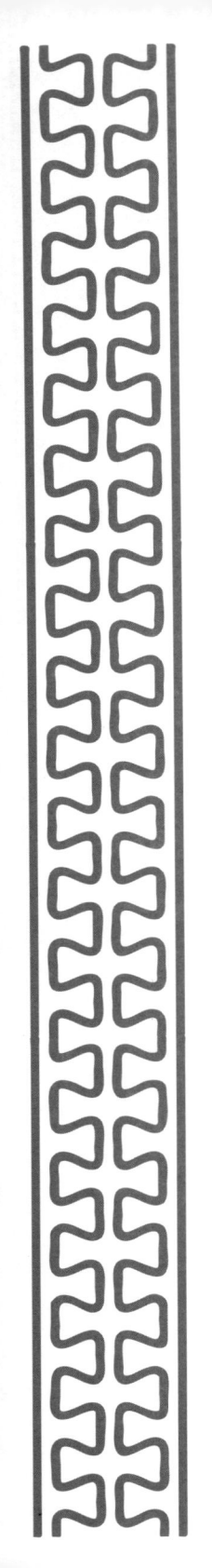

AMOR

iludiu

maio de 2018

QUINZE ANOS DE IDADE e já sentindo o peso do não. Foi um pedido tão singelo, e hoje em dia tão ultrapassado, mas foi tão verdadeiro, tão de bom grado, tão de coração...

Ela só deveria ter dito SIM, mas a garota bonita e amiga gentilmente recusou meu pedido de namoro. Com uma educação que veio de berço, um coração de ouro, eu gentilmente entendi e agradeci a atenção dispensada. Tão logo ela saiu, eu gritei, chorei e me vitimei, e destruí parte da casa.

Eu havia planejado tudo com tanto cuidado! Eu entraria na unidade em obras, local ideal para a confissão, como amigo, mas sairia como namorado. Eu nunca imaginei não ser o melhor partido, nem nos meus pesadelos pensei ser rejeitado.

E foi um tal de tijolo voando na telha, de porta quebrando, de reboco despedaçado... E foi um tal de um sufoco tão louco, que eu não gosto nem um pouco de lembrar do passado.

Mas aconteceu. E no dia seguinte, como ponto final da minha sina triste... Você arrisca um palpite? Ela dizia o meu SIM para outro moleque. O grandalhão do *bullying*, ignorante, uma peste, daqueles que nem a mãe reconhece. Ele tomou a mesma iniciativa que eu, algo de que já suspeitava, mas ao contrário do que me aconteceu... No dia seguinte já namorava!

... E com a menina bonita e amiga, que na garantia da amizade firmada, com suas palavras tal fato me contava...

João, meu sobrinho amigo: meu camarada.

Você em breve vai ter 15 anos, também, e vai achar que parte da vida é um conto de fadas.

Mas quando você chorar por amor, como eu chorei um dia no meu caminho, toma o meu ombro como porto seguro, me abraça e eu te juro – eu te empresto o meu lencinho!

é de você que ela gosta
abril de 2004

De um telefonema nasce um novo jeito
E a vida se ajeita em uma nova condição
De uma condição nova no peito,
O peito revê a situação.

Da situação acostumada
Onde convinha uma direção,
Passa a ser reescrita a trama iniciada,
Agora o mocinho se torna vilão.

No mundo obscuro alguém sabe a resposta;
Ela virá no seu futuro,
Quiçá num sussurro:
"É de você que ela gosta!"

bailarina

janeiro de 2005

Teve espaço para tudo:
Para a dúvida de dar certo,
Para o medo de algo além,
E de ela ser um bem etéreo...
Houve então a surpresa
E não é que ela correspondeu?
Mostrou que também deseja
Um garoto sisudo,
Quase armado e com um escudo:
Esse garoto era eu...

Houve um progresso para tanto,
Teve espaço para mais – e o muito mais,
Até não ter nem mais um canto
De diferença entre iguais.

Em meio a muitos beijos,
Vieram meus medos,
Depois seus receios –
E então seus ciúmes.
Por fim, novos beijos,
Uns dois mil desejos,
Depois, e tão cedo,
Uns três maus costumes.

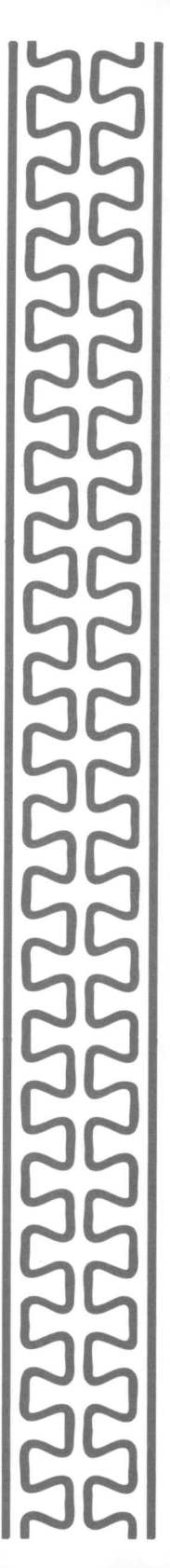

Quando ela foi embora,
Cedo trouxe saudade.
Foi questão de hora,
Eu já estava triste de verdade.

Mas, ao ver a manhã,
Senti algo novo que a vida me lança:
Vi o céu vestido de *collant*,
Brindar a terra com passos de dança!

você e o tempo
janeiro de 2015

Você foi embora
E o vazio só não foi maior no meu peito,
Porque o tempo parou agora,
Para me olhar sozinho e desfeito.

Talvez os minutos que fugiram contêm, um dia,
Como fiquei sem chão, com o olhar perdido em mim mesmo
Tentando achar o meu lugar,
No meu desalento.

Quem sabe um dia, as horas que me viram confuso,
Sem saber como estou agora,
Com a saudade, sua falta, isso tudo,
Quiçá digam que também um homem chora.

Estar com você foi tão gostoso,
Saber que seu beijo combina com o meu,
Que meu corpo deseja, tão caloroso,
O seu...

Justamente nesse ponto, o tempo não foi amigo.
Ele passou por nós muito breve: correu;
Agora ele demora, me toma e me olha
– se perde nas horas.

Só o tempo. O tempo e eu.

adora isa
janeiro de 2004

Cada detalhe do seu jeito, cada nuance do seu rosto: tudo me domina. Ela é um misto de menina e mulher que me fascina. Ela tem um sorriso que eu não entendo, num tempo que não compreendo, vindo de uma alma que me ilumina.

Entre risos e caretas ela revela muito mais de mim mesmo. Do tanto que ela esbanja juventude, vejo a que ponto contrário minha rigidez. O coração, que não se permitia apaixonar, não ouve mais a voz da razão – essa incompreendida.

Eu fico estarrecido com tanta vida! Com tanta beleza, com tanta sensualidade. Como pode? E é uma sensualidade pura, inata, como respirar. Tudo nela me parece belo o suficiente, e é evidente: eu estou a um passo de me entregar.

No seu rosto de olhos bem preenchidos, com cílios imensos, pelos espessos e dentes manchados, eu vejo também o meu próprio semblante: e estou, a cada instante, mais apaixonado.

Ela tem uma pele morena que descama com o excesso de sol. Daquelas que traduz uma vida de festas e alegrias, de uma boemia que sua bronquite não permitiria. Mas ela é jovem e sabe disso. Isa é meu vício. É a luz do meu dia.

Quisera eu ser um vício para ela também... Com seus pés de sola rachada, de tanta estrada, de tanto pra pisar. Nem mesmo ela se dá conta do quanto sabe, do quanto ela já viajou. Nem ela nota a que ponto sua cara linda ficou mais bela ainda com tudo que ela já me contou.

Em minha casa, entre beijos e abraços, me perco e me acho em seus lábios, como o menino da história: fica obscura minha postura madura, essa minha tal alta cultura, em detrimento de tudo que é dela – garota de calção, livre e bela como uma índia, encostada do lado da porta, rindo da TV, contando anedota, me amarrando em querer.

E quando à noite a gente se deita, eu respeito seu tempo e desejo estar nele. Nem que seja para faltar no trabalho, gastar bem mais do que eu tenho, passear no parque e me sentir mocinho outra vez.

Tudo vale a pena para ver o seu quarto. Tudo vale a pena para olhar seu porta-retratos. E eu quero me ver um dia ali.

Como o homem da mulher.

Ou o menino da menina.

Mas bem mais do que o amigo que a beija.

Muito mais que só o querido que a fascina.

ela e eu
maio de 2004

Como explicar isso a ouvidos moucos?
Dou muito e recebo pouco.
Contento-me com qualquer troco,
Na relação em que é só meu o esforço.

Como explicar a quem não entende?
Minha alma se vende,
Qualquer outro não compreende
Que só o sorriso dela me preenche.

Suscita, ainda, poesia,
Muito menos do que eu gostaria.
É uma história de agonia,
Mas tinha que ser de alegria.

Como entender, se, de fato,
Não é recíproco o ato,
Um gesto de amor inato,
Um desejo imediato?

Um beijo mal dado:
É o que eu tenho no momento;
Em quase tudo me isento,
Na esperança de ser amado.

modos de ver
abril de 2005

Sequer me retorna,
Quando há convite carinhoso;
Sequer me olha,
Quando eu quero você de novo;
Sequer me atende agora,
Quando eu venho tão presente;
Sequer você me ancora,
Quando estou na sua frente.

Sequer me abraça hoje,
Quando eu tenho aqui mil braços;
Sequer está, você foge,
Quando são seus os meus abraços.

Sequer me compreende,
Quando eu tenho amor comigo;
Sequer você me entende,
Quando o meu amor eu divido.

Sequer me dá abrigo,
Quando fico ao seu lado;
Sequer me tem como amigo,
Quando quero um ser amado.

Sequer me explica algo,
Quando eu trago a questão;
Se quer amor de fato,
Quando é dado, por que não?

Sequer me quer também,
Quando se dá esse encontro;
Se quer, eu quero tanto,
Quando quer, você me tem.

o sonho que eu quis acordado
março de 2005

Já sabendo não terem chance os meus olhos,
É bem certo minhas mãos não terem seu afago.
Não me vendo contemplado com seus beijos,
Não tendo você o tempo todo aqui ao lado,

Certo de que não é comigo
Com quem você deita e fica
Tendo sempre em minha mente
Que não é sua a minha vida;

Por estar claro e sabido
Que você não vem comigo
Que não pensa em ver repartido
O amor e o abrigo.

Muito certo que não sou eu
Quem toca você para sempre,
O homem que você escolheu
Para seguir pela vida, em frente.

Por ter nítida essa parte,
Que você nunca me quis,
Mesmo que lhe traga um amor de verdade,
O único a fazer você feliz,

Deito e sigo no meu sono,
O sonho de comigo ter o seu contorno
E neste sonho
Me abandono.

Aqui não sou mais só seu amigo,
E pela noite eu sigo sonhando,
Vou, iludido, amando,
E sigo o sonho que eu quis acordado.

a despedida

maio de 2004

Com peito em pranto parte torto todo o tato de um encanto
É fato dado, muito amargo, se despede em prece e canto
Olho em água, envolto em mágoa, dá adeus a um alento.
Ao fim do ato, muito lento, vai-se um tempo pelo vento.
O ser amado é abandonado e então se faz descrente;
Seu fardo, machucado, ante o outro lado, indiferente.
E sente em riso o ser amado
E vê surgir um só contente.
O peito, ainda apaixonado,
Nota a crise entorpecente
Tão somente
Só, somente.

Num soluço, brinda à despedida, torna viva a já saudade
De uma história obtida, de uma só vida, uma só vontade.
Vão-se os olhos de meiguice, a candura, o amor ativo.
Vai com ele a meninice de quem disse:
"Sou tão vivo!
Só contigo..."

Desfeitas as fotos, vão-se números, com tumulto para seus túmulos
Restos sepultados, versos jogados – parcos e sem consumo.
Perto das vistas, sem clemência, ficam só reminiscências
Lembranças ricas são banidas,
E agora, como são vistas?

Em tão abrupta e absoluta imposição de uma decisão
De forma bruta, não reluta: ela sepulta a relação.
Não há fuga ou ajuda, não vislumbra reversão,
Deixa sem luta e então amputa aquela união.
Sentindo ainda só a sua história
Não guarda nada na memória;
Apenas ela se quer viva,
E se despede, decidida,
Tão somente
Tão só,
Mente.

último poema daquele amor
agosto de 2005

Quem me conhece, sabe bem a que me refiro,
De quem falo agora, que me fere como pode.
Pois saibam sempre, se sou eu quem eu prefiro,
Enterro agora o que me fere, que me toca e me move.

Decerto minha dor virá num giro.
Em boa parte do que sei que me comove,
E é tão claro no que escrevo – eu confiro.
Poder viver é ignorar quem me consome.

Não quero – e não querendo eu não me firo.
Não prezo esse mal que me absorve,
Nem aquilo que me traz um mal suspiro.
Não me inspiro no veneno que me sorve.

Sei que sem alívio eu me retiro.
E deixo que o sofrer o outro prove,
Despeça-se de mim, pois não me insiro
Num manto de saudade que não mais me cobre.

Meu último relato, que mato nesse tiro.
No último poema dessa dor que ainda chove,
Deixo-a viver no meu passado que respiro,
Ao passo que insiro um novo amor, decerto pobre.

reflexão

agosto de 2010

Nesse lugar
Em que você trouxe a gente um dia,
Eu não encontro mais nós dois.

Na verdade,
Eu não vejo nada mais de nós
Nisso tudo que era nosso,
Nas coisas, que podiam ser minhas
E suas –
E hoje já não são.

Nesse momento eu me questiono:
Terá tudo isso valido à pena,
Se sou só eu nesse lugar
E é só você no meu poema?

Teria feito sentido,
Ali atrás,
Quando eu nem a conhecia?

Teria valido
O risco que corríamos
Quando nos vimos jogando esse jogo?

Valeu a Bossa Nova,
O amor louco,
Emoções à prova
E esse final de fogo?

Você teria sido tão louca,
Eu teria sido tão eu...
Será que você teria sido outra,
Se um dia eu fosse, de fato, seu?

Nesse lugar,
Que um dia foi testemunha
Do nosso carinho,
Que eu supunha duradouro,
Eu brindo sozinho.

Sigo só em meu caminho
E vou amando a um só tolo.

saudades
julho de 2004

Suas calcinhas brancas;
Os pelinhos das suas costas;
Os restinhos de comida nos seus dentes;
Seus humores adolescentes;
O jeito como você assobia,
Com a língua presa na frente;
Acordar com você de dia;
Dormir com você somente;
O seu cheiro de Rexona;
Os seus mil brincos na minha cômoda;
Cabelos compridos no box do banheiro,
A delícia de um amor companheiro.
Você, engraçada,
Eu, por inteiro;
As pintas na sua cara;
A sua irmã mais nova;
A nossa paixão por tara;
A nossa paixão por droga.

Nossas bebidas,
Minhas mordidas,
Em alto-relevo na sua pele,
O meu sarcasmo
Ao seu orgasmo;
O meu orgasmo
O modo como você chorava.
Seu corpo na minha cama,
Aquilo que você expele
Na hora em que você ama.

Sua boca na minha boca.
A gente enquanto se amava,
Você em meu colo;
A gente no meio da chuva,
O suor a brotar dos poros,
A delícia da sua vulva.

Nós em um nascer do dia,
Em uma tarde, na faculdade.
Nossos encontros, que alegria!
Um beijo doce de saudade,
O seu cheiro hormonal.
O nosso beijo, que foi mudando.
O seu pai, nossa viagem;
E aquele amor se transformando.
Seus vestidos de alcinha,
Comilanças no Guarujá,
Quando a gente sempre se tinha,
E era pra sempre, enquanto durar.
O amor era bom, no lugar de doer...
É...
Eu ainda gosto de você.

doze anos
abril de 2018

Foi como, digamos assim, uma redenção.

Ante a nulidade absoluta daquele outro amor de adolescência, eis que era no início da juventude que as coisas então faziam sentido. A moça linda, de olhos de um azul muitas vezes esverdeado, nariz adunco e uma aquarela na face, com a pele alva e os lábios vermelhos, me amava. Ela tinha 18 anos recém completos. Eu, 23.

Entre as amigas que frequentavam as festas e cursos da escola e grupo de circo do qual eu era o produtor, na época situado na descolada Vila Madalena, em São Paulo, ela destoava: tinha uma tristeza única, uma introspecção comovente, uma súplica indireta no olhar que pedia colo.

Sua turma era composta por garotas bonitas, bem-nascidas, estudantes do último ano do Ensino Médio de uma escola de classe média alta da região: e todas eram envolvidas de alguma maneira com arte. Todas falavam alto, brilhavam, radiavam alguma energia. Ela, não. Era calada, sozinha, estranha, destoava. Não era popular. E eu gostei justamente dela. Loira, linda e triste.

Dos contatos iniciais nas festas onde eu lhe cobrava o valor do ingresso na bilheteria, até sua matrícula feita por mim em algum curso de tecido ou malabares, a coisa evoluiu para alguma aproximação maior. Endossado pelas amigas, cúmplices daquele interesse atípico de um cara um pouco mais velho e entrosado, ela aos poucos baixou a guarda. Ainda que a todo o tempo eu recebesse algum pedido de cautela por parte de quem a conhecia bem – "Certeza? Ela não é normal; ela tem depressão" –, eu consegui.

Um dia a gente se beijou em uma daquelas festas, pouco depois de eu completar meu turno de trabalho para poder finalmente tomar a minha cerveja. E eu me vi louco por aquela mulher.

Pouco tempo depois, eu não me lembro mais como, éramos namorados.

Como eu queria que as coisas tivessem sido diferentes. Por mim, por nós. Mas por ela, acima de tudo.

Como um ser humano, e a isso eu sigo questionando a humanidade na besta adormecida, estraga uma vida inocente, sem nenhuma consciência do mal que pode fazer ao extravasar seus instintos mais primitivos? Porque ela não tinha nem doze anos.

Ao longo daquela relação que, de cara, mostrou-se conturbada, a incógnita marcava uma história que apenas deveria ser doce; que apenas deveria ser jovem. O que ela tinha, meu Deus? Porque tanta dor no olhar, porque tanta desilusão?

Constatei o que todo mundo comentava: o que me haviam passado muitas vezes como precaução. Sim, ela tinha problemas. Isso estava explícito em sua inconstância emocional, em seu olhar perdido, em sua loucura. Um tapa na minha cara um dia durante uma discussão boba. Ela, sem falar coisa com coisa numa mesa de bar, me fazendo ir embora irritado. Risadas fora de hora, um cigarro atrás do outro. Uma tensão apavorante no jeito, na essência. E o aviso expresso como uma lei: nunca me toque pensando como um homem. Eu nunca serei sua daquele jeito.

Praticamente hipnotizado por sua loucura e ávido por desvendar seu mistério, eu segui, porque há algo magnético no devaneio. Há um componente lisérgico na dor alheia. Por curiosidade mórbida, há quem siga para entender a gênese de algo que não nos pertence. Por vaidade, há a crença de que em um de nós resida alguma salvação. E muitas vezes o caminho trilhado é tortuoso, apesar das sinalizações de perigo iminente.

Um dia, contrariando sua própria exigência, ela se entregou. Eu não a tocava e estava disposto a ceder pelo tempo que ela necessitasse. Mas foi ela quem me trouxe para perto, perto até demais. Havia algo inconstante ali, algo mal resolvido. Em excesso ou em falta, com entrega ou dispersão absoluta. Seu comportamento como mulher revelava alguma origem do problema – e eu claramente imaginava o que era.

Foi aos prantos, em um quarto barato de um motel. Desesperado por não entender nada, desesperado por não saber lidar, desesperado por um diagnóstico que aplacasse a loucura gratuita, eu praticamente a sacudi pelos ombros aos gritos. Me conta, me conta, me conta! E tinha sido o pai, meu Deus do céu. O pai, nos banhos de banheira, no contar de histórias, na intimidade forçada e traída. Uma série de toques errados ao longo de um tempo onde só deveria haver inocência. Depois, num dia, um dedo. E ela não tinha nem doze anos. Ela não tinha doze anos.

Eu queria matá-lo. Mas era um segredo e eu segui calado. Muitos anos antes, a mim, um patético tio abusador também pediu que nada fosse dito – transformando-me em um "cúmplice" de sua maldade, mesmo diante de toda minha inocência. Mas eu superei e virei a página. Ela também conseguiria. E eu a faria feliz. E eu tentei, Deus sabe como.

Seguiram-se passeios, promessas, uma viagem, eu tentando de tudo. Não era fácil. Em umas três ocasiões diferentes ela vomitou. Numa delas, em mim. Meu "eu te amo" no restaurante foi processado com tanta tensão, que tivemos de ir embora. Que pena de tudo aquilo.

Na festa junina de sua rua, poucos dias antes de ela viajar com as amigas, veio um momento bonito. Ela estava feliz. Era uma daquelas fases boas, as que imediatamente precedem alguma tempestade. A gente dançou junto, a gente se abraçou e falou ao mesmo que se amava. Eu nunca me esqueci que, das vezes em que disse e ouvi do amor, aquela foi uma das mais belas. Talvez a relação tenha existido para que hoje eu tenha exatamente essa boa lembrança.

Poucos dias depois ela estava de férias com as amigas, aquelas férias de julho que quem trabalha não pode acompanhar. O telefonema de tarde, na rodoviária, foi o último contato minimamente são. Depois, trevas.

O que deveria ser uma viagem de uma semana virou um pesadelo. Passados 10 dias, com todas amigas já de volta, nada dela. As garotas fizeram uma espécie de pacto de silêncio. Ela deu trabalho, sim, e acabou ficando por lá. A gente não sabe mais dela. Nos telefonemas que eu passei a fazer para sua casa, aflito em busca de notícias com a mãe, era a empregada que me sinalizava o pior. Ela sumiu. Ela deu sinal de vida. Ela não está mais onde combinou. A mãe dela está indo para lá, buscá-la. Ela volta amanhã. Boa sorte.

Quando sua mãe me recebeu no portão de casa naquela noite, eu estava assustado demais para extravasar minha raiva e indignação por tanta ausência e descaso. Ela não está bem. Parou de tomar os remédios por conta própria na viagem e consumiu drogas, me disse aquela mulher. Uma cúmplice calada da falência da família. Fiquem por aqui. Não saiam. Ela já desce.

Quem me recebeu com um beijo foi uma mulher linda, ainda mais bonita, só que mais loira, mais bronzeada, mais magra e com um olhar finalmente fixo no meu. Não era mais ela. Ela havia partido na festa junina, para nunca mais voltar. Em seu lugar, ela mandou aquela outra, a que segue assinando seu nome até hoje. Uma mulher que eu não conheço.

O que deveria ser uma visita breve se transformou em um final de semana completo; com a roupa do corpo, me deixei ficar – eu queria entender, eu precisava saber quem era a mulher que chegou no lugar da minha namorada; o que havia acontecido. Ela alternava momentos de lucidez absoluta, de falar plenamente sobre o quanto estava confusa e perdida, com devaneios alucinantes. Em um deles, me agrediu. Em outro, me mandou embora, e eu não fui. No pior deles, mostrou as fotos de amigos e amigas no meio da Serra, em cachoeiras e trilhas. Em uma delas, cochichou: esse é o Bruno. Nós transamos na barraca. Não conta pro meu namorado. E o namorado dela era eu.

Desesperado, chamei os pais no quarto dela e arrastei o sofá. Mostrei que, atrás dele, havia dezenas de remédios que ela simplesmente tirava da boca e escondia ali. Ela sabotava o próprio tratamento, um tratamento excessivamente químico. Já havia química demais em seu cérebro, e da raiva que ela sentiu pela minha traição seguiu-se qualquer conversa ingênua sobre amenidades. Mas eu gritei com seus pais como se eu fosse finalmente o único adulto. Eles me ouviram com um silêncio de quem terá de prestar contas a Deus.

Quando fui embora, no domingo, estava exaurido. Atordoado. Ela me agradeceu pela força e a gente prometeu sair daquilo juntos. Poucas horas depois, ela me ligou e terminou tudo. Disse que o rapaz da barraca era o máximo e ela não parava de pensar nele. E eu sofri como nunca, pois sabia não ter perdido o meu amor para outro. Eu o perdi para algo, algo que a consumiu irreversivelmente. Foi como ver alguém morrer, mas ainda conviver com o corpo.

Os anos se passaram, ela se estabilizou em sua loucura. Eu segui a minha vida, ela a dela. Teve seu caminho, que cruzou com o meu em mais uma ou outra vez, como no dia em que capotou seu carro e eu fui abraçá-la na esquina do meu trabalho. Um dia, apareceu com um namorado em um bar onde eu estava e todos dividimos uma mesa, e fiquei na esperança de que ela estivesse bem.

Às vezes eu a espiono nas redes sociais e continuo não sabendo mais quem é essa mulher. Agora, mais velha, com sua carreira, sua vida que em nada mais cruza com a minha, em um corpo novo e um nariz não mais adunco, que ela tratou de operar.

Continuo não sabendo quem veio no lugar daquela minha namorada depois da viagem que deveria ser boa. Ainda espero que ela volte, dessa vez para si mesma.

E ela não tinha nem doze anos...

consciência do fim do amor
fevereiro de 2008

Nessa noite finalmente eu sei:
Vou perder você.
Sei que você vai seguir adiante
Com a sua vida,
Que foi parte da minha,
Pensando nas coisas que juntamos
E as que ficarão por ser:
O que só nós dois juntos fomos.

Sei agora, como poucas vezes,
Como pouco eu soube:
Você vai embora sozinha.

Minha cama,
Meus lençóis velhos e cinzentos
E as cobertas que lavei
Só pra você,
Ficarão sem seus beijos.

Agora, pouco antes do apagar da luz
E de ocupar sozinho os pedaços do colchão
Que ainda lembram você,
Fecho os olhos, ciente de tudo,
De que o sono que me leva agora
Que o que me desperta amanhã e comigo segue,
Volta a ser só meu.
Sem seu cheiro na minha pele.

Consciente de tudo
Eu me pergunto:
Como você continua?

Você,
Que foi um dia
Uma parte do meu sorriso
E o complemento
Da minha vida.

alta madrugada

julho de 2007

Mais uma vez, quem diria...
Eis a mesma empreitada maluca de amores desfeitos.
Olha a "vida a dois"!
Que a dois sempre seria,
E então seria perfeito...

Mas não foi.

Copiando um poeta maior,
Que pagou com a própria vida para ver:
Uma vida em desatino,
Uma vida sozinho,
É uma vida pra doer.

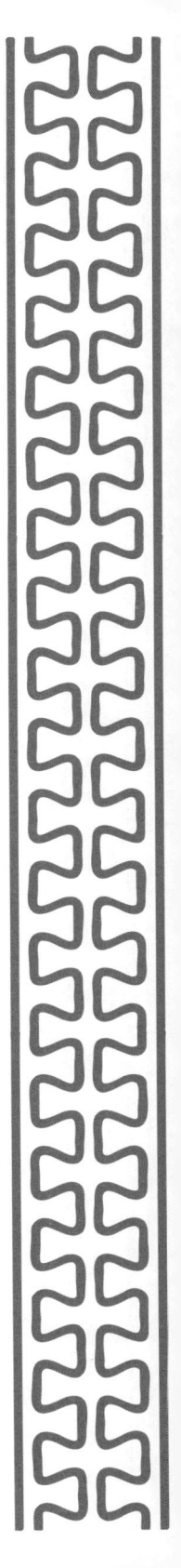

carnaval

fevereiro de 2018

Da janela avisto foliões agitados,
Seus sentidos aguçados,
Torpor alcoólico, risos incitados.

O ritmo frenético da festa popular
Toma de assalto a casa toda,
A doer, a chorar
Faz da cama arrumada uma cova pronta:
A me moer. A me intrigar.
Será que é ali que ela agora se encontra
E de lá me afronta: a me roer; a me entrevar?

Meu coração não bate agora,
Eu me assusto
O corpo todo a soluçar
O mundo ri lá fora; aqui, luto,

Com todo povo junto, num abraço a desfilar.

vazio
janeiro de 2017

Do porta-retratos
Já se foi a nossa imagem de ano-novo,
Onde tudo era outro
Onde a gente era mútuo

Nas gavetas do meu quarto
Não há nada que não seja o seu luto
Há de volta o que é meu; não é muito
Nada lá agora é seu; não era esse o intuito

Na pia do banheiro
Não resta mais nada dos seus cosméticos
Nada a denotar seu belo cheiro
Nada a revelar cuidados médicos

Nenhum cabelo no azulejo do chuveiro
Nenhum aceno dos seus cotonetes tétricos

A sala, aquela, a do sofá dos seus cochilos
Segue testemunha de uma vida em desatino
Conta o que ninguém supunha; quem quis aquilo?
Não foi no meu sofá que concebemos nossos filhos

Os ímãs de geladeira
Provas vivas de nossas viagens,
Das nossas guloseimas, noites festeiras,
Das nossas beberagens
Estão naquela caixa de bilhetes e paisagens

Está tudo devidamente guardado
Ou dura e tristemente apagado
Até a internet sucumbiu ao nosso fardo
Tão logo o amor partiu,
Nós mudamos nossos status

Agora, como te deletar de dentro do meu peito?
O que parece é que você ainda deita do meu lado direto
Nada me parece estar desfeito: leva tempo. E muito tempo.

A testemunha ocular do meu tormento.

vestígios
janeiro de 2018

Nenhum vestígio
Nem do teu despertar,
Nem do que te tocou o dia.
Nenhum alento
E, no entanto, tanta agonia.
O que te fez ter algum sentimento?
O que me dirias?

Nada, nenhum sinal.
Será que algo marcou tua tarde?
Vem sem alarde uma noite irreal.
O dia tratou-me num açoite
O bem que eu te quis virou o mal.
Meu dia já não tem mais doce,
E o amor extraiu com feitio o teu sal.

Onde, onde estás?
No que terá pensado?
Terá tido um sono pesado,
Teria você me desejado ao teu lado?
Será que ainda existo lá,
Naquele teu porta-retratos,
Ou me limito a, para ti, ser hoje um fardo?

Eu fecho a casa, sem esperanças,
Folheio o livro da viagem a dois
Choro por nós, com nossas lembranças
E penso logo em quem virá depois.

maysa
abril de 2007

Mais uma paixão desfeita,
Mais uma vez, engolir em seco,
Deitar quieto na cama
Com os próprios pensamentos,
Ter as mãos e os pés descobertos
E ver feridas abertas no peito,
Contrastando com o que é quase certo:
O sol há de esquentar meu leito.

Outra vez,
Na cama e de olhos abertos,
Coração batendo forte no desejo
De tornar possível
Num piscar de olhos.
Acordar e se ver liberto
Daquele primeiro beijo,
Desse destino incerto.

Outro amor desfeito
Outra vez mais, taquicardia,
Loucura pela manhã que supra a agonia,
Pois a noite não passa e me mata mais cedo,

Mais uma vez, o mesmo medo,
A mesma melancolia
E a vontade que dá...
Que ela se vá! E cedo.

Dói muito ainda...
Não, não fique para o outro dia,
Pois, apesar de tudo,
Amanhã é tempo de amar de novo.

a quem se ama

março de 2018

Meu amor, se é que ainda posso escrever,
Ter tal atrevimento, chamar de amor; você
Nunca, ou ao menos no momento, digo
Não saberei contar o que eu sinto
E como é a dor que eu trago comigo.
Nada disso foi o que eu quis – e é preciso
Entender o fim do amor; sem juízo.
Não sei você – eu não vou; eu não consigo,
Ante a falta do que a gente vivia
Sem o seu calor, vida minha,
Sem nem perceber o que o mundo sabia,
Que eu era seu
Em meio ao tanto que eu a queria.

Nunca, nunca ao menos agora
Eu possa lhe dizer do amor (que tive),
Como o poeta que vive a me rondar,
Ser tão lindo e pleno ante o seu
O grande amor, o meu, o que eu dei,
Explodindo no peito ao extremo,
O corpo todo a palpitar.
Um amor a ter confundido o próprio Deus,
Que tenha convencido, quiçá, ateus
A ter iluminado profundos breus.
Eu a seu lado não era só eu, como vemos,
Tive um amor tão profundo,
Que nenhum outro amor fecundo saberá.

Talvez eu te peça, contudo,
Como saldo do meu carinho
– meu refúgio –,
Com a ingenuidade do passado omisso
Diante do que eu contemplo e cogito
Que você me tenha em seu resumo
Como parte que teima do seu caminho,
E aqui eu sei que me iludo:
Na sua resenha o "para sempre"
é confuso,
Não tem brecha, exceção, precedente,
Em sua pressa, nada mais resta,
O que atesta é o seu mundo.

Ah,
Quem me dera,
Pensamentos idos
E vividos
Do poeta;
Pensamentos formulados
Eis o poema que sofrido nasceu
E segue assim,
Doído
Por uma vida que eu não tive contigo,
Por um amor que hoje morreu,
Perdido,
Triste e iludido. Abatido.

o amor maduro
maio de 2018

TANTAS VEZES O DESENCANTO tomou posse do coração... Como se o sentido do amor não fosse tanto fazer feliz a alguém e não fosse o próprio amor uma redenção. Como se do tão lindo consumar a entrega a seja lá quem, surgisse mais mal e incerteza do que bem ao peito, mais flagelo do que o singelo por direito, mais mazela e tristeza sem proveito. O amor em vão.

Pode ser assim, logo de início, quando gostar de alguém, enfim, deve ganhar um gesto recíproco. Mas a recusa doente é o fim do sonho; a cumplicidade da boa gente vira logo abandono – e o sofrido no sono fica latente como um vício. Amor indiferente, tristonho; tristeza recorrente, um míssil.

A vontade do amor juvenil. A falta de bagagem se anuncia, deixando pela barragem metade da paixão febril de um dia. Amar profundamente a quem possa: ver a paixão nova desabrochar como uma fruta de que se gosta. Entender, tardiamente, que todo amor, todo sexo, toda gente, toda bossa, tudo se ressente ao saber-se distante do brilho. Como o excesso de bem que se tem a um filho, o zelo impede cheirar o mundo. Como quem viva a amar com brio, por tê-lo, com o amor latente e doentio –, mas vê a chama sem pavio num segundo.

Chegam amores fortuitos, e a busca por algum sentido: o porquê de um ser vivo. Hollywood, novelas e livros a pregar um amor que não se encontra; a vida amiúde fora das telas, a verdade paralela e tonta: o amor verdadeiro não se compra. Não é ingresso de cinema, e nem no mais lindo poema desponta.

O marasmo de uma relação atrás da outra; o fantasma de algum final apavorante que assombra e veda a boca. Frustração grande o bastante de ceder o amor à treva. Longe do mito de Adão e Eva: só lá, em nenhum lugar além, o amor aponta. Até que um dia apronta e, por troça do bem, uma nova trova: quiçá o amor volte com força e trate com afronta ou desdém a noite escura que brota!

E que não esmoreça nessa luta!

Tem coração que hoje bate, não soluça. Já gritou de tristeza de verdade, findo o plano de ser feliz como nunca. Já sofreu, se doeu, quando o lindo, que maldade!, perdeu seu açúcar. Já suspirou com esperanças no novo, quando viu no lugar de um estorvo, outro músculo que pulsa. Mais um susto, um impulso, um estandarte, um mar de rosas. E uma nova força que o usa. A todo custo, bem mais recluso, agora à parte, exposto à prova: alguém o acusa, fica confuso, e o baluarte vira uma cova.

Mas tem pulsar que não desiste. Coração de se notar, sem esmorecimento. Ele resiste, a batucar, como louco, pois pressente: feliz se é a tempo. É seu intento e, dentro em pouco, por total merecimento. Como tal, que diz sem medo, ele quer outro – e segue o alento: em breve desponta algo leve, que não se desmonta com o vento. Algo etéreo como sentido e sentimento. Algo sério, que ferve. Algo vivo na pele. Um acontecimento.

Mas o amor maduro: ele só pede uma coisa em troca de tanto ganho, de tanta oferta. Um amor maior sem tamanho, um querer incondicional e perfeito; no duro, o que desperta: amor seguro, amor próprio firme e pleno. Amor na certa.

E, no futuro desse amor por nós que temos, saberemos ter tido venenos, outros sumos que sorvemos.

dor de cotovelo
maio de 2009

Queria que soubesse...
Eu levo você comigo ainda, nos meus sonhos,
Trago você nos meus lábios, nos beijos que não são mais seus;
Eu a desejo ainda, tão linda, nos olhos meus

E quero que você seja feliz.

Deixando você partir, fico de longe, à espreita,
À espera dos seus braços, que foram tão meus por um tempo,
Aguardando ter você por perto – tudo tão intenso.
Como quem deseja ser de novo o seu pensamento,

E quero que você ame outra vez.

Fico distante acompanhando seus novos passos,
Meu colo a espera em um acalento carinhoso.
E, quando não souber amar de novo,
Recebo você com um sorriso, um olhar amigo e um afago,

Eu quero que você fique bem!

Mas poderia ser comigo...

incompatível

novembro de 2013

Se a mão só encosta na sua, mas não responde com força ao aperto;
Se o olho cruzou com o seu, mas não brilha com fogo intenso;
Se no sorriso de resposta que ela lhe deu, você não vê o semblante de Deus,
É quase certo, coração irrequieto, ela não gosta de você.

Se, na troca de mensagens, ao mencionar a palavra "saudades"
A resposta for morna, algo que não orna, com suas tristes vontades...
Se, ao caminhar pela praia, fazendo da brisa a sua canção de amor,
Ela assobia outra melodia, aperta o passo e segue por onde for...

Ela não gosta de você.

Só não sabe como repartir contigo,
O que as amigas sabem de antemão.

O dia amanhece ao lado,
Mas só no seu abraço há boa intenção?
Quando ela mira você no espelho, não reflete desejo, mas carinho de amigo?
Um beijo de olho aberto, um comentário disperso, insistir pra quê?

Querido, escuta o que eu digo: ela não gosta de você.

E não adianta pensar que você está no comando,
Dizer que é bonito, tão lindo, que outras o adoram.

Você pode seguir chorando
E só outras por você choram.

Se para você a distância é um suplício,
Se para ela, alívio – e, sem o seu convívio, ela ri e ela dança;
Se, na semana que passa, ela mal achou graça da sua lembrança,
É bem possível, eu sinto, hoje não tem sentido, esse amor é sacrifício.

Não é ela a mãe dos seus filhos,
Não é ela a companheira da sua jornada.

Comece a vislumbrar novos trilhos,
Para que outra percorra essa longa estrada.

o medo

dezembro de 2006

Dá um medo enorme ficar sozinho,
Medo de uma vida calada,
Como se os dias não tivessem caminho,
Não significassem nada.

Medo de passar pelo mundo à toa,
Sem ser nada na vida de ninguém,
De nenhuma pessoa –
E de ninguém ser nada para mim também.

Nesse momento eu me pego aflito
E faço a minha parte:
Dou-me inteiro ao que acredito:
Em minha melhor arte.

Quem sabe assim, no futuro, ao lado de quem me ama,
Eu tenha alguém para esquentar meus ossos
E dividir os meus ócios
Na minha cama.

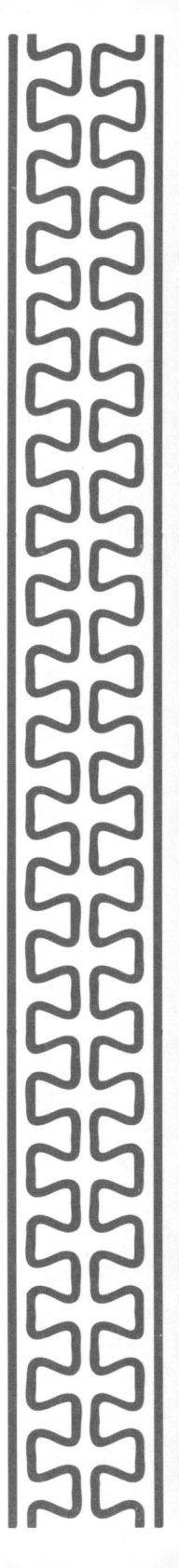

recado de deus
novembro de 2013

Chovia – e foi com essas lágrimas do céu que o próprio Deus saudou as minhas.
E as que eu tinha naquela manhã não cessaram,
Diferente das que as nuvens trataram de suprimir mais tarde.

Foi assim: gota por gota, tristeza com desencanto,
Que segui no dia que não devia ter vindo,
Tamanha a dor que me trouxe, tamanho o mal que me fez.

Olhei em volta e estava só, tão só que nem parecia eu.
Esperei algo que não veio –
Um telefone que não tocou, um amor para chamar de meu.

Ninguém notou que eu estava triste, só eu – e tratei de mentir para os outros.
Alguém sentiu pena de mim.
Era eu de novo – e tratei de me matar um pouco.

A sensação que eu tive, no auge do desespero,
Era de que ninguém vai me querer como eu me quero,
Nunca vão me amar como eu mereço.

E eu acho que fiz tanto pelos outros, com tanto zelo, com tanto apreço...
Por que diabos não há alguém para cuidar de mim?

Foi quando Deus me sussurrou algo doce, e com o vento,
Que é como muitas vezes Ele fala...

Contou-me que ainda virá você, mulher.
E contigo, as crianças a brincar pela sala.

... e mais uma vez, sabemos ser previsível o final
março de 2007

Quando, afinal,
A cabeça der trégua
A essa chuva que não cessa,
Tempestade interior,
Ele terá de volta os frutos do pomar,
Sem vento forte
Nem a colheita perdida,
Que pôs fim ao sonho de lavrador.

Pois há mesmo, de fato,
Um vazio enorme –
E até isso nele é preenchido.

Diferente da manhã que nasce e some,
Que é depois tarde e depois noite,
Sempre imbuída desse presságio:
De que tudo passa lento,
Consumido num açoite.

Quando outro dia surge
E, com ele, a madrugada parte,
Eis que surge um notório consolo,
Destoando das muitas outras tardes,
Nascidas do anseio de um sono.

A mulher que para ele aparece,
Vem dizer que há um dia de prece
Em sua enorme tristeza de outono.

NOVA FASE

desculpe o incômodo
janeiro de 2015

DESCULPE-ME SE EU APAREÇO AQUI ASSIM, de supetão. Talvez você esteja ocupada demais com as suas novas atividades de mulher adulta, namorada ou noiva, empresária de sucesso, trabalhadora obstinada... enfim, alguma dessas coisas que você deve ter se tornado.

Ou talvez você não esteja simplesmente a fim de papo porque, afinal de contas, tem mais o que fazer do que perder seu tempo com alguém que se desbotou no porta-retratos escondido na gaveta. Eu entendo.

E eu entendo também que são ciclos. Coisas da vida. As pessoas, assim como as coisas, passam por nós e passam além de nós. A vida, até ela, passa. E, se isso acontece com o existir, com o que é fruto da dádiva de Deus, o que dizer de algo tão perene e superficial como a minha imagem diluída na confusão das suas lembranças?

Sabe, eu não sou nada além de mim mesmo, dessa face que envelheceu e do produto de todas as coisas boas que um dia você desejou para mim. Muitas aconteceram – e eu lhe agradeço de coração. Outras, não. E o que não deu certo não pode derivar daquilo que você pensa e é atualmente, porque eu sei que, mesmo diferente, você ainda é uma boa mulher. E você gostou muito, mas muito de mim. Você talvez não lembre, mas eu, sim.

Era comovente ver o desejo nos teus olhos de garota. Não era um sentimento que alguns chamariam de "libido juvenil", de atração típica da idade. Você mesma se confundia e, às vezes, extrapolava os limites, com um abraço mais apertado ou uma fungada comprida no meu pescoço, algo que eu sempre repreendia com piadas e sorrisos compreensivos. Você era só uma adolescente. Mas acho que hoje você também entendeu o que eu dizia, que toda aquela confusão de sentimentos era uma coisa da idade, e que o "desejo" em si, o que nem você sabia definir, era o da imortalidade: que aquilo que era gostoso em você, bonito de sentir por alguém e de ter como mote na vida, não deixasse jamais de ser verdade.

Era um registro de um momento lindo que agora você talvez não se dê conta. Mas era findo – e eu sabia que você se iludia quando me prometia o infinito no amor das cartas, dos mimos, das fotos e dos vídeos que eu recebi com carinho.

Nada é eterno. Nada. Talvez Deus – e só Ele –, porque até o mais sólido rochedo um dia é atingido por um meteoro e vira uma montanha de pó. Teria tido o seu amor por mim o mesmo fim? Se sim, eu fui varrido para longe ou você me escondeu debaixo do tapete? Será que por ali, no meu canto, eu me organizo, me reagrupo, e um dia te surpreendo na sua próxima limpeza com uma forma que não deixe mais que você se esqueça de mim?

É triste pensar que hoje é assim. Mas é como eu disse lá atrás: são coisas da vida. E nada mais.

Mas, sabe... eu ainda ontem li uma carta sua. Não teria coragem de jogá-la fora, como você e suas amigas supunham ser do meu feitio. Nas caixas do meu armário, as que eu recorrentemente abro e vasculho, ainda estão os chaveirinhos, os postais perfumados, os guardanapos com beijos de batom, os bilhetinhos amassados com poesias juvenis, as caixas vazias dos doces que eu comi, mas cujas embalagens residem aqui... Elas contêm saudações de afeto escritas com as letras trêmulas de quem amava e, por isso, não mereciam virar lixo. Está tudo guardado, assim como os golfinhos de pelúcia que eu privei de passar adiante e agraciar uma criança. Está tudo aqui, por mais que você não acredite. Tem um pouco de você e de cada amiga sua na minha casa. E o mesmo vale para outras que, como você, também já me esqueceram.

De todo modo, eu só queria agradecer por todo aquele carinho. Era só isso. Desculpe o incômodo.

Só saiba que, enquanto minhas caixas de recordações forem testemunhas de um amor do passado, você ainda vai ser uma garota para mim. E eu manterei o mesmo afeto. Ainda que hoje, para você, eu seja só uma lembrança. Ou um rosto cujo nome você não sabe ao certo, porque está ocupada demais amando a si mesma.

e nasce um poema

dezembro de 2006

Uma vontade que não se explica,
Um começo vindo de certa tristeza,
Uma grande euforia
De, quem sabe,
Ver resultar em beleza
O que nenhum outro faria.

Neste impulso se abre o papel
Ou a tela salta aos olhos:
Quem sabe o que virá desse modo?
Que se espera desse instante, tão seu?

Quando se vê, a coisa está feita.
A dúvida é se é sua mesmo.
E só é se parece perfeita,
Quando não se perde a esmo.

Feita,
É entregue ao mundo.
Sobrevive
Se agrada a alguém
Ou morre no mesmo segundo
Em que nascer nem deveria também.

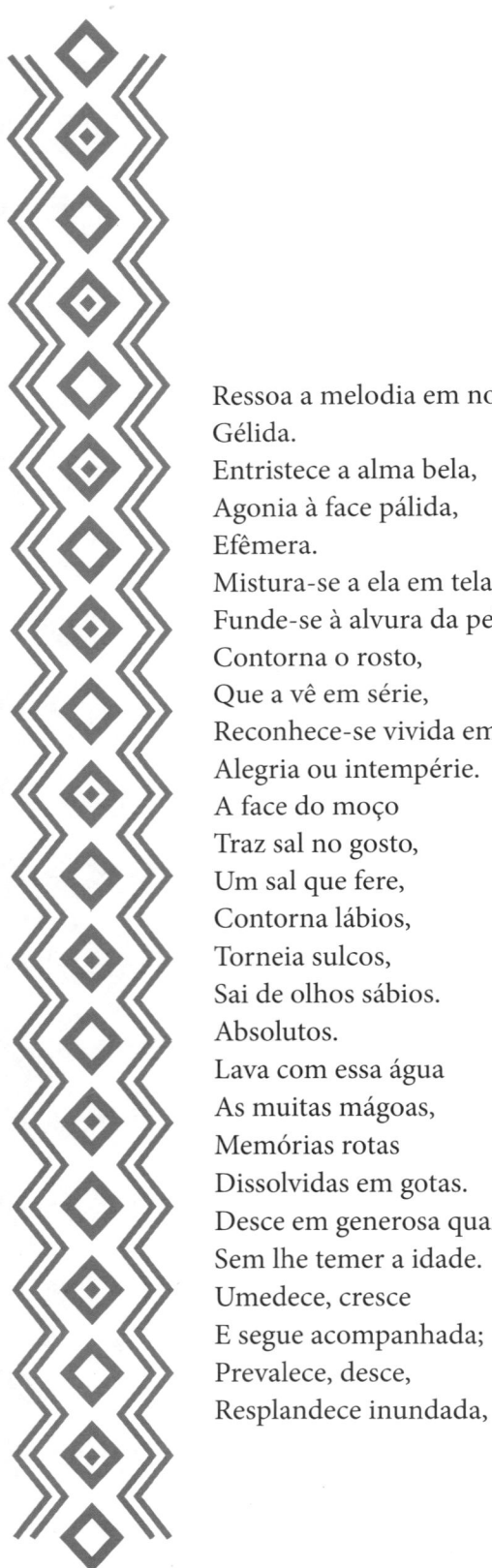

lágrima

março de 2004

Ressoa a melodia em noite cálida,
Gélida.
Entristece a alma bela,
Agonia à face pálida,
Efêmera.
Mistura-se a ela em tela,
Funde-se à alvura da pele,
Contorna o rosto,
Que a vê em série,
Reconhece-se vivida em desgosto
Alegria ou intempérie.
A face do moço
Traz sal no gosto,
Um sal que fere,
Contorna lábios,
Torneia sulcos,
Sai de olhos sábios.
Absolutos.
Lava com essa água
As muitas mágoas,
Memórias rotas
Dissolvidas em gotas.
Desce em generosa quantidade,
Sem lhe temer a idade.
Umedece, cresce
E segue acompanhada;
Prevalece, desce,
Resplandece inundada,

Une-se à companhia
De outras gotas já passadas,
Sem limitar autoria
A moças apaixonadas.

Vem do velho sábio,
Do homem pescador.
Quando brinda o encontro ao lábio
Traz à boca um novo sabor.
Mas são boas e bem-vindas
Mesmo infindas, quando vêm.
Importa que sejam, ainda,
A forma mais linda
De chorar por alguém.

a resposta
julho de 2006

Por um momento, quase aconteceu.
Por pouco, a mesquinharia dos outros,
O menor de tudo,
O falível, o tosco,
O infantil e pequeno,
Por pouco quase venceu.

Há cerca de alguns minutos,
Talvez alguns mais,
Quem sabe um pouco menos,
Era outro que viria a essa escrita
Reportando o mal da vida,
Em um poema de venenos.

Mas aí eu me lembrei
Do que é tão raro e claro:
Que a vida vale à pena
Que eu amo,
E tanto, e como!
Com um encanto a defendê-la

Me veio um riso franco,
Um jeito doce.
Foi o seu olhar quem trouxe
A solução ao meu problema.

E assim nasceu,
E aqui prevaleceu,
O amor neste poema.

a maior contradição
outubro de 2006

A maior contradição –
E essa não é só do poeta –
É ver o amor como algo mundano.

O que se condena, pois "não existe"
Justifica os versos tristes –
E a tristeza que nós somos.

Mas é o amor que se deseja,
Que se busca a vida inteira,
Ele pode estar na paixão sorrateira,
Ou numa outra que seja
Etérea e verdadeira.

É sempre o amor que se almeja
Na empreitada certeira,
Ainda é nos braços de quem quer que seja,
Numa paixão companheira,
Que a contradição se mostra feiticeira.

a segunda e última metade da minha vida

junho de 2018

O contexto

ACONTECEU EM JULHO ou agosto de 2017, não lembro exatamente. Eu fazia algumas coisas – e até que não eram poucas.

Eu estava em meu nono ano como humorista de show solo. Seguia com "O problema não é você, sou eu", meu segundo espetáculo de comédia *stand-up*, rodando todo o País.

Com o primeiro, "De tudo um pouco", me apresentei de 2009 a 2016 também por todo território nacional, que conheci praticamente inteiro, a trabalho. E tive, ainda, a oportunidade de fazer shows em 3 cidades dos EUA e mais 4 do Japão!

Na paralela, seguia firme com meus eventos corporativos e publicidades para empresas diversas (vendidos pela Projetteria, escritório de agenciamento); projetos como meu show de humor musical com a banda Pedra Leticia, o Música Divertida Brasileira – que me deu um espetáculo e um CD; canal de humor no YouTube (Love Treta, ainda uma das minhas maiores alegrias); palestra motivacional (Apostando na Carreira); um ou outro recital de violão (infelizmente ainda raros, o que me entristece, apesar do violão ter me rendido um disco autoral lindo – o *Elegia da Alma*); um ou outro evento ligado a algum dos meus audiolivros (como o de leitura e música de trechos selecionados de *Meu Pé de Laranja Lima*, obra de José Mauro de Vasconcelos). Como sempre aconteceu, eu seguia disponível e ocupado com novos projetos e solicitações. Havia acabado, por exemplo, de iniciar um canal de humor para a Caixa Seguradora, no YouTube, explicando comicamente como jovens devem poupar e guardar dinheiro.

Tudo que eu fazia naquele momento era ainda fruto de ter sido integrante do primeiro time do icônico *CQC*, o projeto de mídia que mais contestou o *modus operandi* político vigente, provocando embates memoráveis entre políticos corruptos subitamente acuados, e jovens munidos apenas de cara de pau e um microfone. O *CQC* foi considerado por muita gente a grande novidade televisiva brasileira dos últimos tempos. Ousado, um projeto que deu holofote a algumas pessoas como eu. Gente que só precisava de uma oportunidade real de mostrar a que veio e de seguir fazendo televisão.

Eu e a TV em 2017

Deixei o *CQC* por dois anos para ser apresentador da Rede Record de Televisão.

Meus projetos por lá, *Got Talent Brasil* (2013) e *Me Leva Contigo* (2014) não haviam ido bem. Não tiveram mais do que a temporada inicial e um pouco mais de Ibope apenas na estreia, por motivos que não me cabe mensurar. Ambos, no entanto, me deram uma bagagem maravilhosa: a de ser o apresentador em produções tão grandiosas e envolventes, que tenho orgulho de ter feito, e hoje fazem parte da minha história.

Na Record também vivi uma experiência inusitada: fui o protagonista do único episódio do que parecia a grande aposta de humor da casa no final de 2013 – *A Nova Família Trapo*, um *remake* da série homônima, que marcou toda uma geração nos anos 1960, na mesma emissora. Nosso "tributo" foi uma das piores coisas já produzidas e exibidas na TV aberta brasileira – mas que foi divertido para o elenco, com certeza foi!

Na minha volta para o *CQC*, em 2015, virei um dos três apresentadores. Paralelamente, fazia algumas poucas reportagens. Eu estava lá, quando o programa tristemente acabou.

Por fora, no canal Comedy Central, apresentava a temporada 2015 do *República do Stand-Up* e uma série pessoal que eu amava fazer e amei mais ainda assistir: *Dirige Rafa* – um *reality* onde meus melhores amigos, de verdade mesmo, me ensinavam a dirigir um veículo (algo que só fiz aos 38 anos). *Dirige Rafa* era uma criação minha com meu parceiro de longa data, o Italo Gusso, o cara que foi meu empresário por 7 anos e que me possibilitou ser um nome da comédia *stand-up*. Mais: o Italo me ajudou a entrar na Globo.

A Globo

Um sonho sempre me acompanhou desde a infância: trabalhar na maior emissora do Brasil e ter lá também o meu destaque. Eis que, em 2017, eu estava no meu segundo ano como contratado da Rede Globo de Televisão!

Eu era repórter do programa diário *Vídeo Show*, que completou 35 anos no ar um ano depois. Fazia matérias divertidas no Rio e em São Paulo, mostrando bastidores de novelas e gravações, entrevistando artistas em *sets* e populares, nas ruas. Vez ou outra era também um dos apresentadores, que se revezavam na bancada.

Na paralela, havia sido presenteado com um quadro de humor na edição 17 do BBB, o *Big Brother Brasil*, *reality show* de sucesso internacional e uma hecatombe de popularidade no Brasil. Também havia feito por lá uma espécie de debate sobre o programa na internet, o "Rede BBB", pelo Gshow, o portal de entretenimento da Globo.

Mais ainda: naquele exato momento em que as coisas pareciam tão boas, eu também era um dos integrantes da primeira edição do *Pop Star*, outro *reality*. Dessa vez, eram pessoas conhecidas que, aos domingos, ao vivo, exerciam publicamente – e em busca de um prêmio de 250 mil reais –, a faceta de intérpretes do canto.

Minha bandeira era a da MPB: e eu me expunha no programa cantando Wilson Simonal, Roberto Carlos, Caetano Veloso e Nara Leão, mesmo sabendo que não chegaria à grande final.

Vida pessoal em 2017

Eu morava sozinho no meu próprio apartamento, comprado à vista sete anos antes, em Perdizes. Foi algo que me trouxe uma paz interior tão grande que não consigo nem explicar. Fora a satisfação pessoal!

Eu seguia firme organizando bem minhas finanças, sem ostentações e com muito pé no chão. Por conta disso, cheguei aos 40 anos bem estruturado e responsável, com meus negócios e receitas. Também me dei o direito de adquirir um pequeno e modesto sítio, outro dos meus sonhos de infância, para ter um refúgio gostoso para mim, amigos e familiares. Lá ainda é o lugar do qual mais gosto no mundo.

Minha promessa firmada com os mantras da prosperidade, dez anos antes, seguia firme: eu ajudei, sim, minha família e as pessoas que amo. E até mesmo algumas que sequer conheço. Assim sigo, o que me faz muito bem, mas, claro, traz grandes responsabilidades.

Na vida afetiva, em 2017, eu estava com a Adriana. Minha namorada há quase dois anos, Adriana é uma mulher por quem eu era maluco de amores e com quem mantinha uma relação marcada por algumas inconstâncias típicas de quem se relaciona há algum tempo e tão intensamente.

Além de amá-la muito, eu era feliz por constatar que eu finalmente conseguia ter uma relação sólida com alguém. Nenhum dos meus namoros anteriores havia passado de um ano de duração.

Só que...

Pois bem... Eis que, em julho ou agosto de 2017, não lembro exatamente quando, meu mundo entrou em colapso – como há 10 anos. E eu novamente não sabia explicar bem o porquê.

A crise econômica brasileira começou a enfraquecer cada vez mais o mercado de entretenimento – fora o que ela já havia feito de estragos em outros cenários, todos a se lamentar imensamente. Ainda que eu seguisse vendendo bem no mercado de eventos e em publicidade, ele começou a oferecer uma estabilidade menor. Paralelamente, o público começou a cair nos meus shows de humor.

Novos comediantes, mais jovens e mais populares, entraram com tudo no mercado do *stand-up*. As plateias, que já não estavam mais podendo pagar o valor dos ingressos com a crise, passaram a selecionar mais o solo a ser assistido – e eu já não era mais nenhuma novidade.

Comecei a entender que teria de rever minha carreira como humorista, e que as parcerias que eu tinha na época não estavam mais valendo a pena. O Italo Gusso não era mais meu empresário desde 2015. O impacto de sua saída no meu segmento de shows de humor ficou evidente. Mais: ele, ao contrário de mim, estava forte como agente e realizador de comédia naquele momento de 2017.

Eu não tinha nada em vista paralelamente; em TV, só a Globo. Aqueles tempos de fazer TV aberta e ser emprestado para a fechada simultaneamente, haviam ficado em 2015.

Meu contrato com a Rede Globo ia acabar em dezembro e eu não fazia ideia se a casa iria renovar comigo. A questão era a seguinte: eu não estava mais feliz fazendo o *Vídeo Show*.

Vídeo Show

Quando o *Pop Star* terminou, voltei a ser exclusivo do meu programa de origem na emissora. Ficou acertado também que apenas como repórter; eu não voltaria mais a ser apresentador.

Só que, na paralela, o *Vídeo Show* mudou. Uma reformulação editorial e a entrada de dois novos diretores deixou o programa mais objetivo, falando mais diretamente com o público feminino em uma faixa mais velha e popular. Não cabiam mais muitas piadas e um cara como eu, de matérias engraçadinhas, começou a ficar deslocado.

Eu gravava relativamente pouco, se comparado com outros repórteres, uma vez que o programa – e a casa – me possibilitavam viver muito bem com minhas agendas e trabalhos paralelos. Mas, quando gravava, por mais feliz que ficasse com o processo (era gostoso ir para as externas no programa, a equipe era ótima!), me vinha uma tristeza grande ao assistir o material no ar: minhas piadas não apareciam, as matérias duravam cada vez menos tempo e a edição privilegiava muita imagem de arquivo no meio das minhas falas. Algumas vezes, me vi apenas segurando o microfone. Aquilo, para quem havia feito 6 anos de *CQC* com humor, participação e criação garantida em tudo, era frustrante.

Um dia conversei com meus diretores na redação do *Vídeo Show*. Falei da minha frustração e eles lamentaram comigo. Porém, disseram não ter nenhuma garantia de devolver a graça às minhas matérias ou de criar algo novo para mim, tampouco bancar alguma das incontáveis ideias de quadros e reportagens que eu seguia enviando – isso desde que entrei. A demanda do programa era enorme; não havia tempo de pensar em algo muito diferente e empreender esforços naquilo. No dia seguinte, tinha outro programa, e depois mais um, e assim sucessivamente.

Eu os entendi e não me chateei. Era o formato, ninguém tinha culpa. Percebi que teria de falar com o Boninho.

Boninho

O Boninho, em se tratando de TV, todo mundo conhece. É um dos maiores executivos e empreendedores da área, e gerencia um núcleo inteiro na Globo. Entre seus programas, naquele momento de 2017, estava o *Vídeo Show*.

Todas as oportunidades que tive na Globo entre 2016 e 2017 me foram dadas por ele. Foi o Boninho que me possibilitou entrar na casa e eu sempre o respeitei. Um papo franco com ele era a melhor coisa a se fazer. Até porque, dezembro vinha chegando e ninguém me falava sobre renovação de contrato com a emissora. A informação sempre era: "Você precisa falar com o Boninho, você é do núcleo dele e ele é quem decide".

Somei essa necessidade prática à minha urgência em resolver a questão com o projeto que me punha no ar e marquei um horário com meu chefe no Projac. Até porque, eu havia decidido algo.

A decisão

Foi uma das decisões mais difíceis que já tomei. Mas quando sentei com o Boninho, pedi para não fazer mais o *Vídeo Show*.

Quando nossa reunião começou, questionei se ele pensava em renovar comigo. E ele disse que, por ele, tudo bem – o que já provava que eu não teria nenhum empecilho para obter, pelo menos, mais um ano de contrato. Por contrato entenda-se também uma estabilidade na vida prática e um porto seguro em um mercado televisivo cada vez mais instável e disputado. E que porto seguro: todo mundo que trabalha em TV quer estar na Globo – e até quem não é de TV!

Naquele momento, a emissora estava selecionando com maior critério seu banco de elenco fixo. Renovar comigo seria o melhor dos mundos, mas num contexto onde todo mundo queria entrar e meu principal chefe me dizia que poderia me manter ainda dentro, eu ia pedir para sair.

Foi com segurança que eu comentei com ele da minha gratidão por ter chegado até ali, do quanto gostava do programa que me empregava. Expliquei o contexto e o que me aflige, ressaltando que eu precisava voltar a fazer humor na telinha. Ele entendeu e concordou. E eu pedi para não mais fazer o *Vídeo Show* e migrar para o núcleo de humor da Globo, algo que não estava sob sua alçada – e eu sabia disso.

Eu entendia que o meu pedido acarretaria no risco da não renovação de contrato, uma vez que eu deixaria de ter um posto certo na casa, mas achei que o mais correto seria primeiro falar a real com meu chefe e, com a anuência dele, sair para buscar um lugar ao sol onde realmente queria estar. Uma das coisas mais condenáveis para mim é fazer o jogo do contente pela frente e, na paralela, tentar sair pelas costas e um dia dar o bote. Fora isso, eu confiava que a Globo poderia me manter em seu banco de elenco, mesmo fora do *Vídeo Show*. Eu havia feito tanta coisa em 2017 com eles!

O Boninho foi colaborativo e entendeu. Disse que eu procurasse pelo Guel Arraes, outro diretor de núcleo da Globo, mas mais ligado à dramaturgia e comédia. Eu agradeci e contei que estava à disposição dele e que poderia segurar as pontas no *Vídeo Show* pelo tempo que precisasse. Ele me desejou boa sorte e me deu um último conselho: "Corra, porque em TV o tempo urge e outros humoristas já estão sondando a emissora".

O Boninho foi realmente muito legal comigo nos meus dois anos de Rede Globo. Não tenho uma palha para reclamar dele.

O revés

O problema foi outro. Sabendo que eu não queria mais fazer o *Vídeo Show* e tendo nisso o consentimento do Boninho, a Globo não encontrou lugar para mim em seu banco de elenco fixo em 2018. A poucas semanas do fim do meu contrato, comigo correndo atrás de novas oportunidades na casa, soube finalmente que eles não o renovariam. E era tarde para correr atrás de qualquer outra coisa fora, ainda mais com a crise que assolava as demais emissoras.

Eu previa o risco da não renovação, apesar de não contar tanto com ele. Quantas pessoas próximas me ouviram falar da minha ousada decisão e me desaconselharam a tomá-la! "Você corre o risco de sair da Globo."; "Você pode ficar sem salário e, pior ainda, sem uma vitrine de mídia futura, que garante a manutenção de todos os seus negócios!"

Ocorre que tem uma hora em que é preciso ser incondicionalmente fiel aos próprios princípios e felicidade. Qual o sentido de ter trabalhado tanto e criado alguma estrutura, para um dia não contar com isso na hora de um passo maior? Eu ficaria infeliz e não ousaria por estar acomodado e ouvindo demais as pessoas com suas aflições? Não!

Eu podia dar aquele passo e tive coragem, o que foi a coisa mais difícil. A Globo disse que eu passaria a trabalhar por obra, ou seja, teria contrato quando houvesse demanda – e elas viriam, como percebi mais tarde. Só que sem aquela estabilidade de salário e posição, de saber quanto e quando vai pingar todo mês, fazendo o que foi combinado. Isso eu não teria mais a partir do mês seguinte.

O ano de 2017 acabava e, por mais firme e certo que estivesse, estava a poucos dias de ficar desempregado. Logo eu, que emendei um contrato no outro ao longo de 10 anos ininterruptos de TV, desde que entrei no *CQC*...

Na paralela...

As coisas já não estavam fáceis. Tinha todo o contexto da carreira de humorista que precisava ser revista por conta de os shows já não irem mais tão bem. E olha que curiosa ironia – em nome dela, minha carreira, decidi me doar ao núcleo de humor da Globo e, com isso, perdi meu contrato com a emissora...

Tinha a crise, a velha e cada vez mais conhecida crise econômica brasileira, fazendo os contratos, eventos, publicidades e outros *jobs* paralelos terem uma estabilidade menor. Faria muita falta, pensando nisso, o salário fixo da TV.

E como picardia final do contexto, foi também no final do ano que meu namoro com a Adriana mostrou que estava chegando ao fim.

Dito e feito: em fevereiro do ano seguinte, a gente havia se separado. Eu sofri muito. Não só porque a amava demais, mas também porque a perda acontecia em um dos meus momentos mais difíceis. Para tanta porrada assim, eu não me sentia preparado.

Para mim, o ano de 2018 começou com o público indo menos aos meus shows, sem estabilidade nos mercados paralelos, sem emprego na Rede Globo, sem contrato com nenhuma emissora e sem a namorada que eu amava. Parecido com o que havia acontecido em 2007, há 10 anos.

Era preciso reagir. Como em 2007.

Começar de novo

Tem sido assim desde janeiro.

Na falta de estabilidade profissional e de um lugar seguro ao sol, arregacei as mangas e fui ralar. No segmento da comédia, humildemente pedi ao Italo para voltarmos a ter uma parceria. Ele e sua empresa, a Nume, toparam.

A gente bate cabeça junto, mas, em geral, eu acato suas decisões. O Italo quer me reposicionar no humor, o que não é tarefa das mais fáceis. É preciso fazer textos novos, publicar conteúdos legais nas redes sociais, repensar o solo atual e ter um novo show. Dá trabalho, mas sigo na lição de casa. E as coisas melhoraram nesse sentido: o público está voltando – assim espero!

Para me manter aquecido no mercado de eventos e publicidade, eu e a Projetteria, do já amigo Gustavo Anecchini, adequamos valores, começamos a ir mais atrás dos contratantes e qualificamos mais o conteúdo. Em cada evento em que estou como mestre de cerimônia ou comediante; em cada publicidade que pego ou marca que associa de alguma maneira sua imagem à minha, a entrega agora é maior, total. A ideia é fidelizar o cliente pela excelência do produto oferecido, não mais por minha força de mídia. Tem dado trabalho, mas estamos aqui e temos conseguido alguma coisa!

Passei a aceitar mais alguns trabalhos e convites de fora do país: em março, fui para o México como influenciador digital, e lá fiz o meu show de humor em um bar lotado de brasileiros. Em maio, fui coapresentador, na Sardenha, Itália, de uma premiação de uma multinacional brasileira. Emendei alguns dias como turista pela Europa em seguida, o que me deu mais tempo e energia para refletir melhor sobre a minha carreira.

Olhando friamente para o mercado televisivo, entendi que a profissão que tanto amei e onde fui feliz – e fiz feliz a tanta gente –, praticamente está em extinção no Brasil. Não há mais muitos repórteres de comédia. Não há.

Os programas televisivos de humor rarearam. Acabado o *CQC* e o *Pânico*, ficaram poucos. Um ou outro consolida a reportagem cômica em seu formato; os demais vivem basicamente de esquetes ou auditórios.

Porém, uma coisa sempre tem para quem faz comédia: papéis. O humorista de TV que menos perde espaço no veículo agora é o humorista ator. Assim, comecei a ter mais certeza disso quando me vi aceitando convites para duas participações especiais em projetos do gênero, logo no começo do ano: um na Globo, apenas uma cena na série *Cine Holliúdy*, do Guel Arraes (a quem pedi uma chance, seguindo a sugestão do Boninho) e outro no canal Multishow, na série *Dra. Darci*, um psicanalista, confundido com uma mulher, interpretado pelo talentoso Tom Cavalcante, de quem sou fã do humor há muito tempo.

No final de 2017, uma produtora de elenco carioca me indicou para o improvável papel de protagonista de um longa-metragem de comédia. *Rir Para Não Chorar*, da cineasta de Brasília, Cibele Amaral, conta a história de um humorista de *stand-up* de 40 anos, o Flávio, que faz muito sucesso, mas entra em parafuso quando sua vida muda com a doença e morte de sua mãe. Tirando a parte da mãe, o resto me parecia muito familiar.

Ainda assim, hesitei. Protagonista é responsabilidade demais. Minhas passagens pelo cinema foram discretas: dois curtas universitários de baixo orçamento, uma microparticipação em um longa (*Amor em Sampa*, de Carlos Alberto Riccelli e Bruna Lombardi) e a dublagem de um filme de animação da Disney, o *Detona Ralph*.

Minha dedicação teria de ser grande. No elenco só ia ter fera, com anos de estrada e experiência – novato ali, basicamente, só eu. O mais louco é que, do *casting* final, três atrizes e quatro atores bem competentes, eu que indiquei para o filme. Era uma reunião de gente talentosa, onde eu parecia ter caído de paraquedas.

Além disso, tinha um agravante: aceitando o convite, eu teria de morar por mais de um mês em Brasília. O filme seria rodado lá. Seria preciso ajustar minha casa, meus compromissos paralelos e minha agenda ao filme – e correr para dar conta da responsabilidade. Estar sem trabalho fixo em TV, com tanto tempo livre e com minha nova percepção de mercado, me fez aceitar o convite e iniciar meus preparativos.

Foi difícil. Fiz uma preparação para o longa em sete encontros complexos com o Luiz Mario Vicente, um excelente preparador de atores. Mexi com muita coisa interior, ralei, me estudei e fui estudado. Reconheci falhas grandes e limitações. Fui atrás para resolver e dar conta do recado. Não foi fácil, mas consegui.

Simultaneamente, fui trabalhando na versão final deste livro. O Grupo Pensamento, que lindamente topou o desafio de lançá-lo, me incumbiu de escrever mais alguns textos, sendo pelo menos dois bem específicos. E pediu para intercalar as prosas com as poesias de modo a contar um pouco a história da minha vida, funcionando como uma espécie de biografia. Topei. E me dei conta, no agrupamento dos textos, que o livro só faria sentido como saldo da minha vida até aqui se eu escrevesse mais 10 textos – e eu tinha, para isso, pouco mais de um mês.

Gravei o longa em Brasília entre abril e maio, mesmo período em que escrevi e lapidei meus contos e poesias finais. Na minha trajetória, independente do resultado do filme, *Rir Para Não Chorar* já tem seu destaque. É o trabalho que me revelou não só publicamente para esse meu outro lado de ator de comédia, mas também – e especialmente – para mim mesmo.

No *set* de filmagem, acreditei em mim como resposta a quem primeiro o fez ao me colocar ali. E deu certo. Foi um trabalho duro, mas não abri mão de trazer meu jeito e minhas escolhas para o personagem. A direção colaborativa da Cibele só ajudou nesse sentido e me vi rindo e chorando como o Flávio, em situações nas quais eu jamais faria o mesmo.

Dizem que isso é ser ator. Talvez eu tenha começado a ser um de verdade com esse longa. Será? Tem chão ainda. E muito, pelo visto.

E o fim?

Este texto não tem um final absoluto, porque minha história ainda está sendo escrita, talvez longe de um desfecho prático. Ou às vésperas de uma reviravolta. Vai saber?

Tem sido assim desde sempre: trabalhar muito. Recomeçar, se reinventar e não esperar pelas oportunidades, mas criar as próprias. Parece clichê, parece autoajuda, mas é a mais pura verdade. Não há zona de conforto. Mesmo agora, mesmo com um nome conhecido.

O cenário apresentado enquanto escrevo estas linhas, em junho de 2018, ainda está sendo construído. Em parte, pelo tempo que passei a ter, espero que aconteça como em 2007: que, na verdade, todo esse afunilamento de coisas nada mais seja do que meu entorno todo se preparando para receber algum grande trabalho; um desafio ainda maior.

Contrato em TV? Ainda não pintou um novo. Mas não se passou tanto tempo, e os plantios recentes ainda não deram frutos. Daqui a pouco alguma coisa rola.

Estabilidade? Essa a gente adequa. A financeira, aperta-se daqui e dali e no final dá tudo certo. A emocional é um pouco mais complicada, até por conta do quesito ego. Mas nessa hora, terapia, amigos, vinhos e amores resolvem tudo – ou ao menos atenuam.

E por falar em amor, alguém pode perguntar: "E o coração? Fica como? Você não falou mais disso desde que descreveu o final do último namoro". Bem, o coração segue na batalha. Alguém virá e o tomará de assalto, como já vi acontecer tantas outras vezes na minha vida. Sei que voltará a acontecer em breve, ainda que não saiba como, com quem e por quê.

Só sei que todo amor é bom, até mesmo quando ele dói demais quando termina. Não fosse isso, não existiria parte dos mais lindos poemas escritos. Não fosse a poesia, a gente não ia ter tanto mais do humano para suspirar e redimir a mesquinharia da humanidade.

O que eu aprendi e que pode agora encerrar este texto, é que o maior amor do mundo ainda é o próprio. A partir dele, em nome dele, os demais amores virão. Sejam quais forem, dos amores profissionais e artísticos aos amores afetivos e etéreos, todos derivam do nosso próprio amor por nós mesmos.

Parafraseando uma pessoa que eu amo:

"O amor maduro: ele só pede uma coisa em troca de tanto ganho, de tanta oferta. Um amor maior sem tamanho, um querer incondicional e perfeito; no duro, o que desperta: amor seguro, amor próprio firme e pleno. Amor na certa."

É com esse amor que entrei na segunda e última metade da minha vida. Um dia eu conto a vocês como é que ela termina.

cavalo de troia
abril de 2007

"A quem enganar?
O lirismo não mora mais aqui
E nenhuma escrita se acomoda na beleza de outrora."
Mas será que não há chance agora
De fazer brotar o belo na métrica?
"Não há nada nessa hora."
Mas, se houver, há quem se entregue
A lembrar Deus e a Catequese.

Uns desistiram, e – não raro –
Brindamos a eles.
Ode aos lúcidos! Aos que constataram
Que o desgaste de correr contra o tempo
E de viver contra a vontade,
Só encontra razão de intento
Numa hora que vem tarde:
Com a janela escancarada ao vento.

Outros, talvez mais medonhos,
Têm permanente ilusão de otimismo;
Creem no cotidiano que mata um a um
Um por um dos sonhos;
Um a um dos juízos.
Disfarçado na gravata que enforca,
No paletó que é um fardo,
No triste ciclo dos mortais.

Há os que não pensam em nada.
Preferem viver à sorte das marés,
Dos caprichos de um destino –
Que pode ser ótimo,
Mas também ser mesquinho (e quase sempre é).

E, nessa patética anestesia do bem,
Só encontram algum sentido
No pior que a vida tem.

Entre os tipos citados até agora
Não é mais que questão de hora:
Dizem que em breve me torno um deles.
Mas posso ser outras coisas tantas
No registro do meu amor primário,
Pois essa vida que a poucos encanta,
É muito mais do que acredito –
Não é o Cristo no Calvário.

outrora
abril de 2018

Meu sentimento, o qual pude, orgulhoso,
Descrever como belo, etéreo, lindo, novo,
Transformou-se em um mar de mágoa
E prestou-me a um triste estorvo.
A felicidade passou como a água
Que não saciou toda a sede de um povo.
O amargor me consumiu tal qual lava
E a crença no amor foi meu engodo

Mora em mim o pesar de todas as fotos
Que revelam o mal disfarçado em sorrisos
Mascarados no contexto dos amores,
Talvez mentirosos.
O terror me aflige até o interior dos ossos
E eu noto o pesar de todos meus juízos
Dos retratos se desbotam cores
E a paleta de sabores ganha tons foscos.

No entanto, a lembrança viva de outrora
– Fortaleza interior de quem padece –
Faz valer deste meu tempo e minha história.
O consolo ao que tanto me entristece
Ainda que a pintura agora esteja cinza
Um novo outro dia sempre amanhece.
Eu sou o amor, que vive e dura, e que não finda,
E feliz será quem me amar em prece.

epílogo
29 de junho de 2017

Absorto em meus próprios pensamentos:
Pertenço, mesmo, ao meu tempo, a este momento?
Sou uma alma velha que pouco a pouco o corpo incendeia,
Como um fogo se atreve a nascer leve de uma centelha?
A História, tal qual feiticeira,
Com seus requintes de mentira;
– Melhor para quem não a viveu –
Se mostra mais bela do que minha vida; melhor do que eu
O saudosista desde a infância,
Apaixonado bossa-novista criança,
Que lamentava sem nem ter lembrança,
Espectador tardio de figuras estampadas nas revistas
Um atraso de 50 anos, frustrando planos de amante e artista.
Hoje, por onde passo, a perder de vista,
Sou refém deste fardo;
Cheguei atrasado à minha própria vida
Segue a maldade do tempo,
Consumindo esperanças nas desculpas de retratos.
Não sei quem eu teria sido,
Como seria comigo,
Se eu tivesse outro passado.

1 Rafael com seus três irmãos e seu pai no Club Athletico Paulistano, em 1982.

2 Dispensado do Exército aos 17 anos.

3 DRT de Palhaço: primeiro flerte com o humor.

4 Rafael com seus dois irmãos, Victor e Leonardo. Só está faltando sua querida irmã Thaís, que está no colo de seu pai na foto 1.

5 Como produtor e operador de áudio da Cia. Cênica Naus de Ícaros, no Festival de Inverno de São João del-Rei, em junho de 2007.

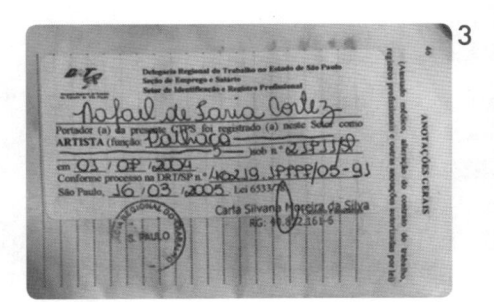

Fotos: Arquivo pessoal do autor

Foto: Gustarro Ferri, 2012

Foto: Simone Chiari, 2018

Conheça outros títulos da editora em:
www.editoraseoman.com.br